改訂新版

能のふるさと散歩

京都・奈良編

写真・文

岩田アキラ

檜書店

はじめに　月日は百代の過客…

　旅の楽しみの一つは名所旧跡巡りであることは今も昔も変わりないと思います。何百年も古くからあるお寺や神社は過去のいろいろな人々がその思いを込めてお参りをしてこられた訳で、その詣でられた記憶の数々がそのままその寺社の歴史や風格となっています。

　能や狂言が盛んに作られた室町から安土桃山時代の頃でもその様な旅の楽しみ方が既に定着していたのでしょう。その能狂言の作者達も名所旧跡に立ち、あるいは、実際に訪れなくても想像し、過去の人々の楽しみ、悲しみ、苦しい思いや切ない心をその場から感じとっていたことでしょう。例えば「出会い」や「別れ」も数多くあったことでしょう。能の作品で言えば、生き別れた親子が再会する「花月」の清水寺。鞍馬山で出会った魔界の天狗と牛若丸の物語「鞍馬天狗」。一方、同じ清水寺でも都に思いを残し、関東への死出の旅路に向かう「盛久」の決別の祈り等々、所謂「謡蹟」と呼ばれる場所が京都周辺を中心に数多く存在します。若しあなたが謡いをたしなんでおられたら、その場所で、ちなみの曲をその主人公の思いを感じ、一節を口ずさんでみられたら面白いと思います。能の作品の世界をそれぞれの場所で、登場人物達の、泣き笑い、怒り、懐しみ、悲しみ等の思いを、現在の自分の人生から俯瞰して味わってみるのは如何でしょうか。俳人の松尾芭蕉は謡曲をよく知っていた旅の楽しみ方の達人でしたが、また能の作品の中では西行法師や遊行上人達が名ナビゲーター（案内人）として登場してきます。そんな人々に誘われて訪れる謡蹟は言わば人生の「定点観測地」のような場所なのかも知れません。

　美しい写真と共に能の舞台の事蹟を訪ね、六百年の昔に思いを馳せていただければ、何か新たな出会いに巡り合っていただけるのではないかと期待いたしております。

公益社団法人能楽協会理事長　観世銕之丞

能のふるさと散歩　京都・奈良編　**目次**

はじめに　観世銕之丞　……1
この本の見方　……4

奈良春日大社若宮の
おん祭［御祭］での「猿楽」……6

◆京都 － 上京区　……8
　葵上　……10
　草紙洗　……14
　雷電　……17
　来殿　……18
　定家　……20
　右近　……23

紫式部　源氏物語と能　……25

　鵺　……30

◆京都 － 中京区　……32
　鷺　……34
　誓願寺　……37

◆京都 － 左京区　……40
　通小町　……42
　大原御幸　……44
　鉄輪　……46

鞍馬天狗　……49
恋重荷　……52
班女　……54
東北　……56
加茂物狂　……58

◆京都 － 下京区　……60
　融　……62
　夕顔　……65
　俊成忠度　……67
　半蔀　……69
　正尊　……71
　橋弁慶　……73

◆京都 － 東山区・山科区　……76
　田村　……78
　小鍛冶　……81
　熊野　……83
　舎利　……87
　卒都婆小町　……89

◆京都 － 北区　……92
　雲林院　……94
　賀茂　……96

◆京都 ― 右京区・西京区　……100
　経正　……102
　百万　……105
　車僧　……108
　野宮　……110
　嵐山　……112
　小督　……115
　西行桜　……117

◆京都 ― 北部　……120
　氷室　……122
　大江山　……125

◆京都 ― 南部　……128
　金札　……130
　頼政　……132
　浮舟　……136
　放生川　……139
　女郎花　……141
　弓八幡　……144
　千手　……146

猿楽（能楽）と世阿弥　……149

◆奈良　……156
　春日龍神　……158
　野守　……160
　采女　……163

奈良興福寺の薪御能　……165
春日若宮おん祭　……166

　井筒　……168
　三輪　……170
　雲雀山　……173
　玉葛　……176
　当麻　……178
　龍田　……181
　三山　……183
　葛城　……185
　土蜘蛛　……188
　国栖　……190
　吉野天人　……192
　吉野静　……194
　二人静　……197

能の基礎知識　辰巳満次郎　……200

あとがき　……206
索引　……207

この本の見方

◆　◆　◆

　本書は能の曲目の典拠となった物語の舞台や、史跡ゆかりの地を訪ね、その曲に登場する人物を紹介している。

　そこには歴史上の著名な人物が、功績を上げたり、悲しみにくれる話があったりする。また、民話や伝説の中の架空の人物が、あたかも実在の人物のように語り継がれている場合もある。

　能の物語をひもとき、登場人物を理解しながら、その物語の背景となっている地を訪れると、思わぬ発見がある、時には、その物語の主人公になったかのような幻を見ることができ、ロマンが膨らむ。本書を手に、夢幻能の世界へ、夢の舞台になっている古跡へ、旅していただけたらと思う。

　本書は、能の代表的な曲目から珍しい曲目まで、その曲目の舞台になっている古跡や登場人物ゆかりの地を「この曲の舞台」として紹介している。

　　能の入門書としてもご利用いただけるよう、各曲の作者、能柄、登場人物、あらすじ、能の基礎知識を掲載した。

　能のゆかりの地については、著者が実際にその地を訪ね、墓碑や建物の写真撮影を行った経験をもとに書かれていて、取材は平成元年から平成18年にかけてのことである。中には現在では建物が火災で焼失したり、地形が変わったりしたところもある。所によっては、民家の軒先にある事跡のため、一般には公開されていないところもある。このような点に関しては、できるだけ最新情報を集めてチェックして注記している。

　交通関係については刊行時に確認できる範囲での正確を期した。

　なお、本書は2006年に発行されたNHK出版の本を元に改定・訂正したものである。

　さあ皆さん。この本を手に、能のふるさと散歩に出かけよう。

改訂
新版

能のふるさと散歩

京都・奈良編

奈良春日大社若宮のおん祭［御祭］での「猿楽」

　猿楽は鎌倉時代になって能・狂言として演劇化していったが、奈良春日大社の若宮神社の祭礼・おん祭［御祭］では、原初の猿楽が催される。

　猿楽が奉納されるのは御旅所の儀式の時

「神楽式」金春信高（金春）

である。毎年12月17日午前0時に若宮神が御旅所にお渡りになり、日が落ち夕刻になると御旅所の芝舞台の薪に火が入り、「翁」を簡略化した「神楽式」が金春流家元により、「三番三」の「鈴ノ段」が大藏流家元によって演じられる。翌18日には御旅所で後日能が演じられる。（御祭の子細は166～167ページで）

「鈴ノ段」大藏彌右衛門（大藏）

翁／観世淳夫（観世）

三番叟／野村太一郎（和泉）

◆「翁」と「三番三」（三番叟）

「翁」と「三番三」は神聖な儀式として演じられる。

翁は白い翁面を着け、三番叟（三番三）は黒い翁面を着けて舞う。老体の神が祝言、祝いの舞を舞い、天下泰平、国土安穏、五穀豊穣を祈る。このような儀式としての民俗芸能は全国各地にあり、猿楽と融合した。

「翁」は「能にして能にあらざる曲」とも呼ばれ、現在でも神聖視されている。

能「翁」の開演前、鏡の間では出演者一同、神酒・塩・洗米で身を清め不浄を断ち、切り火を切って舞台へ出る。

面箱持ちを先頭に翁、千歳、三番三（三番叟）と囃子方、地謡方と登場する。翁は直面（素顔）で舞台に登場して正先に座り、深々と一礼。笛座前へ座り、面箱に入った白式尉の面に一礼して面を着け、翁の「神楽舞」を舞い「万歳楽」を謡い、笛座前で面をはずして退場する。続いて三番三が登場し直面で「揉ノ段」を躍動的に舞い、黒式尉の面を着けて豊穣を祈る「鈴ノ段」を舞う。

京都—上京区

北区
左京区
右京区
上京区
中京区
東山区
西京区
下京区
南区
山科区
伏見区

京都御所

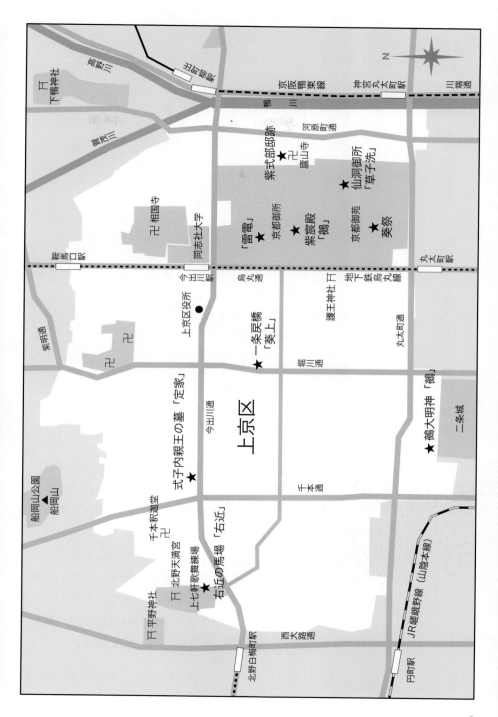

葵上
[あおいのうえ]

観世・金春・宝生・金剛・喜多

六条御息所の霊／金春安明（金春）

◆あらすじ

　照日の巫女と朱雀院の臣下は、梓弓の法で、病魔に悩む葵上の病因を確かめることにした。梓の弓の音にひかれ高貴な女の霊が現れ、泥眼の面を着けた貴婦人は涙を流し六条御息所の怨霊と名のる。かつての宮廷暮らしの栄華を語り、葵上への恨みを表し姿を消す。

　臣下が比叡山の横川小聖を呼び祈祷を行うと六条御息所の霊が唐織の下から般若の面を着け、打杖を握って現れる。執心の鬼と化した御息所の霊は小聖に激しく立ち向かい争うが、祈りに屈服してしまう。

◆『源氏物語』葵ノ巻を典拠とした曲

桐壺帝が譲位し、東宮が朱雀院となった。この代替わりの折に六条御息所の姫君が伊勢神宮の斎宮に、弘徽殿腹の女三の宮が賀茂の斎院に立った。賀茂の新斎院御禊の式の行列には光源氏も勅使として加わっている。光源氏の晴姿を見ようとする人たちや、賀茂の祭（葵祭）の見物衆で一条大路は混雑していた。葵上の車が人垣に割って入ろうとしたとき、六条御息所の車と車の場所争いになる。光源氏の愛を受け身ごもった葵上の車は、光源氏の愛を失った六条御息所の忍び車を追いやり、誇り高い御息所の心に怨念を抱かせることになってしまう。

◆この曲の舞台　一条大路と戻橋

『源氏物語』が書かれた頃の一条大路辺りはどのような情景だっただろうと推測しながら、現在の一条通

■作者　世阿弥改作
■能柄　四番目物
　　　　鬼女物
　　　　太鼓物
■登場人物
前シテ　六条御息所の霊
後シテ　六条御息所の霊
　　　　鬼相
ツレ　　照日の巫女
ワキ　　横川小聖
ワキツレ　臣下
アイ　　左大臣家の男

■囃子方、地謡が着座すると後見が舞台に小袖を広げる。これは病気で寝ている光源氏の正妻葵上を表している。

葵祭・賀茂斎院

11

葵上 [あおいのうえ]

一条戻橋

を歩いて行くのは楽しい限りである。京町家が立ち並ぶ現在では、『源氏物語』の「車争い」があった場所とは思えないほどの狭い道である。一条堀川には戻橋が架かり、堀川は六条御息所の涙が流れているかのようなせせらぎである。

この物語の背景は上賀茂・下鴨神社の例祭で、現在の葵祭である。この祭が葵祭と呼ばれているのは、神殿の御簾、御所車、勅使、供奉者の衣冠、牛馬まで葵と桂の葉で飾ったからといわれている。

勅使をはじめ検非違使、内蔵使、山城使、牛車、風流傘、斎王、斎院など平安朝貴族の姿に扮した行列が京都御所建礼門を午前10時半に出発。行列は500名以上、600mにも及ぶ。丸太町通から河原町通を北に進み、出町柳から葵橋を渡り下鴨神社へ。昼の休憩の後、午後2時半下鴨神社を出発し、北大路を西に、賀茂堤を通って御薗橋を渡り上賀茂神社に至る。厳粛な歩き方と優雅な装束を身にまとった行列はまるで平安絵巻を見るようだ。

途中の河原町通、河原町丸太町と河原町今出川の中間に府立医大病院前バス停を左に入り一筋目を北に行くと、廬山寺があり、紫式部邸宅跡の看板が見える。紫式部が生まれ、『源氏物語』などを書いたと伝えら

■葵祭問い合せ先
京都市観光協会
☎075-213-1717
京都市観光案内所
☎075-343-0548
京都駅前市バス地下鉄
案内所 ☎075-371-
4474
・京都御所へは京都駅から市営地下鉄烏丸線丸太町駅下車か、今出川駅下車。
・下鴨神社へは京都駅から市バス4・205で下鴨神社前下車。
・上賀茂神社へは京都駅から市バス4で上賀茂神社前下車、または9で上賀茂御薗橋下車。
・一条戻橋へは京都駅から市バス9で一条戻り橋下車、または三条京阪駅から市バス12で一条戻り橋下車。

京都御所を出る葵祭の行列

　れている。

　葵祭は祇園祭、時代祭とともに京都三大祭の一つに
数えられ、毎年5月15日に行われる。（雨天順延）

┌─────────────◈登場人物紹介◈─────────────┐

<ruby>六条御息所<rt>ろくじょうのみやすどころ</rt></ruby>　　『源氏物語』の登場人物。

<ruby>横川小聖<rt>よかわのこひじり</rt></ruby>　　能「葵上」の登場人物。比叡山の僧侶。

<ruby>照日の巫女<rt>てるひのみこ</rt></ruby>　　能「葵上」の登場人物。『源氏物語』に
は登場しない。梓の弓の使い手で口寄せの上手。

└──────────────────────────────────────┘

草紙洗
[そうしあらい]

観世・金春・宝生・金剛・喜多

観世は「草子洗小町」、喜多は「草紙洗小町」と記す

小野小町／観世喜之　紀貫之／観世喜正（観世）

◆あらすじ

　宮中の歌会を翌日に控え、小町と歌合わせすることになった大伴黒主_{おおとものくろぬし}は、小町の家に忍び込み、和歌を吟ずるのを聞く。

　歌会が始まると小町の歌は帝から褒められるが、黒主は古歌にあると訴え、万葉の草紙を突きつけた。小町は狼狽したが、草紙を見ると墨色が不自然である。帝の許しを得て草紙に水を掛けるとあとから入筆されたもので文字は消えてしまう。黒主は見破られ恥をかいて自害をしようとするが小町の計らいに助けられ、和解を祝う舞を小町が舞い、歌会の席はめでたく終わる。

◆この曲の舞台　京都御苑の仙洞御所内に草紙洗いの水址

　京都御苑は東の寺町通から西の烏丸通まで約700 m、南の丸太町通から北の今出川通まで約1300 m、面積65ヘクタールの広大な公園である。周りに積み土を廻らし9つの門と4か所の出入口から自由に出入りできる。御苑の中央北部に京都御所、東部に仙洞御所と大宮御所がある。各御所への広い通路には白い玉砂利が敷きつめられている。明治天皇が東京へ移られる前までは皇族、公家の邸宅が並んでいたが、今は木々が豊富で都会のオアシスとして市民や観光客からも親しまれ、梅、桜、百日紅、椿などの花期を迎えると美しい花に出会える。

■作者　　不明
■能柄　　三番目者
　　　　　現在鬘物
　　　　　大小物
■登場人物
シテ　　　小野小町
子方　　　天皇
ツレ　　　紀貫之
立衆　　　朝臣
立衆　　　官女
ワキ　　　大伴黒主
アイ　　　黒主の従者

京都御所

草紙洗 ［そうしあらい］

■仙洞御所　上京区京
都御苑３番地
☎075-211-6348（環
境省管理事務所）
☎075-211-1215（宮
内庁京都事務所）
・京都駅から市営地下鉄
烏丸線で丸太町駅下車
か、今出川駅下車。京都
駅から市バス４・205で
府立医大病院前下車。
・仙洞御所の拝観は、宮
内庁京都事務所参観係へ
申し込む。

仙洞御所は上皇の御所で後水尾、霊元、中御門、桜
町、後桜町、光格院の御所である。1629年（嘉永６）
に出火し、今は小堀遠州が造園した回遊式庭園が残り、
草紙を洗ったと伝える水址がある。

仙洞御所

❖登場人物紹介❖

小野小町（おののこまち）　　生没年不詳。平安前期の女流歌人。三十六
歌仙の一人で、六歌仙のうち唯一の女性。文屋康秀・
遍昭・在原業平・安倍清行らと歌を贈答しており、
歌才・容姿とも抜群で、多くの挿話や伝説を生んだ。

紀貫之（きのつらゆき）　　872？～945年（貞観14？～天慶８）平安
中期の歌人・官僚。『土佐日記』著者。『古今和歌集』
の撰者。

大伴黒主（おおとものくろぬし）　　生没年不詳。平安前期の歌人。六歌仙の
一人。近江国滋賀郡大友郷の出身。後世「黒主明神」
として祀られた。

菅相丞が姿を変えた雷／大槻文藏（観世）

◆あらすじ

　法性坊の律師僧正が夜もすがら仁王会の祈祷をしていると、太宰府に左遷され死んだ菅丞相の霊が現れる。菅丞相は僧正に師の恩を感謝。しかし菅丞相は生前自分を苦しめた宮廷の人たちを蹴殺すといい、顔色が急変し供物のザクロを噛み砕き妻戸に吐きかける。するとザクロは火炎となって燃え上がり、僧正が印を結ぶと火が消え菅丞相の霊は煙の中へ姿を消す。

　内裏へ召された僧正が経を唱えていると、雷に姿を変えた菅丞相が現れる。

■作者　不明
■能柄　五番目物
　　　　鬼物
　　　　太鼓物

■登場人物
前シテ　菅丞相の霊
後シテ　菅丞相が姿を変えた雷
前ワキ　法性坊律師僧正　着流僧
後ワキ　法性坊律師僧正　沙門帽子僧
アイ　　法性坊に仕える能力

■舞台に置かれた２台の一畳台は紫宸殿、清涼殿、弘徽殿を表している。

雷電
［らいでん］

観世・（宝生）・金剛・喜多

来殿

[らいでん]

宝生・（金剛）

■作者　前田斉泰・宝
　　　　生弥五郎友于
■能柄　五番目
　　　　貴人物
　　　　太鼓物
■登場人物
前シテ　菅丞相の霊
後シテ　天満天神
ワキ　　法性坊律師僧正
ワキツレ　従者
アイ　　福部の神または
　　　　里人

　雷電の後場を改作した一種の小書能で、後シテ菅丞相の霊は天満天神となって現れ、初冠、狩衣、指貫姿で登場し、早舞を舞う。

◆この曲の舞台　京都御所内紫宸殿・清涼殿・弘徽殿

　京都御所の周囲は築地塀を廻らし、木々が生い茂り中をうかがい知ることが残念ながらできない。南に建礼門、東に建春門、北に朔平門、西に皇后宮門、清所門、宜秋門の6門がある。

　京都御所の拝観は春の4月と秋の10月に各5日間一般公開日があるが、それ以外は許可が必要である。一般公開の日に拝観に行くと、清所門から入り御車寄、諸太夫の間、新御車寄、建礼門、清涼殿ほかが拝観できる。襖には平安貴族の雅な姿の絵画が描かれ、王朝風俗が手に取るようにわかる。中でも目を引くのが紫宸殿で、能「鵺」にも登場する豪華なたたずまいだ。前庭には左近の桜、右近の橘が植えられ庭園も雅な雰囲気が味わえる。

京都御所

京都御所紫宸殿

清涼殿
SEIRYO DEN

京都御所清涼殿

■京都御所　上京区京
都御苑３番地
☎075-211-6348（環
境省管理事務所）
☎075-211-1215（宮
内庁京都事務所）
・京都駅から市営地下鉄
烏丸線で丸太町駅下車
か、今出川駅下車。
・京都御所の拝観は、
宮内庁京都事務所参観
係へ申し込む。

❖ 登場人物紹介 ❖

菅丞相（かんしょうじょう）　　本名　菅原道真　845〜903年（承和12〜
延喜３）平安前期の官僚・文人。幼少の頃から文章
道に優れ、右大臣となる。藤原時平の怒りをかい太
宰府に左遷され、失意のうちに没した。

法性坊律師僧正（ほっしょうぼうりっし そうじょう）　　866〜940年（貞観８〜天慶3）
比叡山延暦寺の座主尊意。醍醐天皇を加持したこと
で知られる。

定家

[ていか]

観世・金春・宝生・金剛・喜多

式子内親王の霊／粟谷能夫（喜多）

◆あらすじ

千本辺りを旅の僧が歩いていると時雨が降ってきた。時ならぬ雨に雨宿りをしていると都の若い女が現れ、ここは藤原定家が建てた時雨の亭だと教える。女は式子内親王の墓に案内し、かつては賀茂の斎院だった内親王は、定家との忍び忍びの契りが世間に知られ二人の恋も絶えてしまったと語る。しかし、定家の想いは内親王の死後もつる草のように定家葛となって内親王の墓に絡みつく。内親王の辛さも消えることがないと語り、この苦しみを助けてほしい、自分こそ内親王だといって墓の中に消えるのであった。

旅の僧が弔っていると、やつれた内親王の霊が現れ、経のおかげで苦しみが和らぎ、報恩の舞を舞い墓の中

に姿を消す。

◆この曲の舞台　千本今出川　式子内親王の墓

　北野天満宮から今出川通を東に約700m歩くと、千本今出川の交差点に出る。「定家」に謡われる式子内親王のお墓のある般舟院（はんじゅういん）は千本今出川の交差点の東北にある。

　御陵は宮内庁の管理になっているので入れない。内親王の晩年に悪い事件がたくさん起こり、正陵に埋葬されず、現在の大きな木のもとに埋葬され、今の石塔が残るだけである。

　式子内親王の生涯は、華やかな宮廷生活を送っていただけではない。賀茂の斎院に10年間つとめ病気で

■作者　金春禅竹
■能柄　三番目物
　　　　本鬘物
　　　　大小物
■登場人物
前シテ　都の女
後シテ　式子内親王の霊
ワキ　　旅の僧
ワキツレ　従僧
アイ　　都千本辺りの者

╍╍╍❖登場人物紹介❖╍╍╍

式子内親王（しきしないしんのう）（「しょくし」とも読む）　？〜1201年（？〜建仁1）鎌倉前期の歌人。後白河天皇の第3皇女、母は高倉三位局の藤原成子、二条天皇と高倉天皇と以仁王は兄、1159年（平治1）賀茂の斎院となり1169年（嘉応1）病により退下。1197年（建久8）橘兼仲と僧歓心の事件に連座し、洛中から追われようとしたが、後出家して承如法と名のった。

定家（ていか）　本名　藤原定家（ふじわらのさだいえ）　1162〜1241年（応保2〜仁治2）鎌倉前期の歌人・歌学者。藤原俊成の子、幼少より歌才に優れ、10子を数える兄弟の中で歌の家、御子左家を継ぐべく父に嘱望された。正二位中納言を極官とし、71歳で『新勅撰集』を撰し、歌壇に君臨して生涯を終えた。著書に『明月記』『毎月抄』などがある。

定家 ［ていか］

■般舟院　上京区今出
川通千本東入北側般舟
院前町
・京都駅から市バス
50・101・206で千本
今出川下車。

退下され、以後源平の戦、宮廷や公卿の没落、兄の以^{もち}
仁王^{ひとおう}や安徳天皇の死と、悲しみ深い人生を送ったよう
だ。しかし唯一の恋は定家との恋といわれ、定家の想
いは忍び忍んだ恋の相手の式子内親王の墓に、つる草
のように巻きついたという。

　定家の父の俊成は、あるとき定家の家で内親王の歌
を見つけた。

　玉の緒よ絶えなば絶えね長らへば

　　　　しのぶる事のよわりもぞする

　俊成は、この歌に深く打たれたという。

　寺町二条に、藤原定家京極邸址がある。御池通から
寺町通を北に歩くと、細い道から太い道に開けて、京
町家が軒を連ねている左側に、「藤原定家京極邸址」の
石碑がある。

式子内親王の墓

桜葉の神／佐野萌　従女／山内崇生・水上優（宝生）

右近
[うこん]

観世・宝生・金剛

◆あらすじ

　鹿島宮の神職が都に上り、北野の右近の馬場の花見にやって来る。そこへ上臈が花見車で神詣でを兼ねて桜を見にやって来る。花見車の中の上臈と神職は『伊勢物語』の業平の「見ずもあらず見もせぬ人の恋しくは　あやなくけふやながめ暮らさん」という歌についてのやりとりで打ちとける。上臈は北野の名所を教え、月の夜神楽を待っていなさいといって姿を消すのであった。

　その夜、神職の夢に北野天満宮の末社桜葉の神が現れ、舞を舞う。

◆この曲の舞台
右近の馬場と北野天満宮の末社桜葉社の神

　北野天満宮は学問の神として有名な、菅原道真を祀る神社の総本社である。一の鳥居の脇に南北に長い右近の馬場跡がある。桜の開花期に訪ねてみると、右近

右近 [うこん]

■作者　世阿弥原作・
　　　　観世信光改作か
■能柄　脇能物
　　　　女神物
　　　　太鼓物
■登場人物
前シテ　女性上臈
後シテ　桜葉の神
ツレ　　従女
ワキ　　鹿島の宮の神職
ワキツレ　従者
アイ　　所の者
■北野天満宮　上京区
馬喰町 931
☎ 075-461-0005
☎ 075-451-6556
・京都駅から京都市バス
50・101・111で北野
天満宮前下車。

の馬場付近には桜の木は残念ながら一本もない。能「右近」に登場する上臈は花見車を木陰に止め、かつて満開の桜をここで見たのだろうか……。

三の鳥居を左に見て楼門をくぐると、重文に指定されている唐破風の中門があり、檜皮葺屋根と千鳥破風の拝殿と石の間を隔て本殿がある。この本殿の裏手にいくつかの末社が並び、そこに桜葉社がひっそりと鎮座している。

北野天満宮西側一帯は梅苑がある。約 2000 本の梅は、12月から咲き始め、見頃は 2 月 25 日の梅花祭以降だという。宮内には北野大茶会跡、同井戸、老松社、地主神社、福部社、白太夫社があり、東向観音堂の脇には「土蜘蛛塚」がある。能に登場する事物も多い。

北野天満宮右近の馬場

北野天満宮桜葉社

❖登場人物紹介❖

桜葉の神　　北野天満宮の末社。

24

「落葉」落葉の宮の霊／今井清隆（金剛）

紫式部 源氏物語と能

　『源氏物語』は歴史の書物でもなく、宮廷の行事を記録したものでもない。今でいえば永遠のベストセラー小説だ。光源氏を中心に、彼を取り巻く女性たちと、宮廷貴族の愛と苦悩、宮廷の華やかな生活、別離や憎悪など今ではうかがい知れない貴族たちのドラマを描いた作品である。

　能の中にいくつか『源氏物語』から素材を採った曲目がある。その曲を鑑賞することによって、王朝貴族の文化の一端をうかがい知ることができる。

廬山寺

　『源氏物語』を題材とした曲としては
愛と苦悩の青春を描いた

帚木・空蝉ノ巻を「空蝉」

夕顔ノ巻を「夕顔」

葵ノ巻を「葵上」

賢木ノ巻を「野宮」

須磨・明石ノ巻を「須磨源氏」

六条院の華やかな生活を描いた

須磨ノ巻を「松風」

玉鬘ノ巻を「玉葛」

胡蝶ノ巻を「胡蝶」

別離を描いた　　　若菜・柏木ノ巻を「落葉」
宿命の若者を扱った　宇治十帖ノ巻を「浮舟」
などがある。

　またシテを紫式部の霊として、『源氏物語』の巻名
を織り込んだ曲目としては「源氏供養」がある。

◆紫式部邸宅跡　廬山寺

　京都御苑の東に廬山寺がある。河原町通府立医大病院前バス停を 10 m程北に行き西に左折すると、正面突き当たりは御苑。一筋目を右折し、北へ歩くと「紫式部邸宅址」と看板がある。紫式部が『源氏物語』をはじめ『紫式部日記』『紫式部集』などを執筆し、生活していた廬山寺である。門をくぐると、さほど大きくない唐破風屋根のたたずまいの寺だ。938 年（天慶1）元三大師が北山に創建、天正年間（1573 ～ 92）ここに移築された。現在の本堂、御黒戸は光格天皇が再建した。境内には慶光天皇御陵、宝蓮華院宮（明治天皇の御妹）陵墓がある。

■廬山寺
上京区寺町広小路上ル
☎ 075-231-0355
・京都駅から市バス4・205で府立医大病院前下車。

廬山寺源氏の庭

紫式部の墓

本堂南にある平安風の「源氏の庭」は、白砂に雲を表す苔が生え、6〜9月には桔梗が咲いて風雅を添える。庭の中央には「紫式部邸宅址」と書かれた石碑がある。

廬山寺資料によると紫式部は藤原香子（かおりこ）と呼び、藤原宣孝と結婚した後も、自邸、つまり父藤原為時の家にとどまって、宣孝のほうが彼女のもとに通っていたのである。一人娘の賢子（けんこ）を産み、1031年（長元4）59歳で逝去したと伝えられている。

◆紫式部の墓

・紫式部の墓へは京都駅から市バス9で北大路堀川下車。

北区北大路堀川下ル西側、紫野西御所田町に、島津製作所紫野工場ある。その堀川通側に細い通路があり、そこを入ると紫式部と小野篁（おののたかむら）の墓がある。小野篁は平安前期の学者・官僚で、冥府に行き来できたという伝説がある。塀に囲まれた陵所は奇麗に整備されている。

◆紫式部供養石塔　千本ゑんま堂　引接寺

■千本ゑんま堂
　引接寺
上京区千本鞍馬口下ル
閻魔前町34
☎ 075-462-3332
・京都駅から市バス206で乾隆校前下車。

紫式部供養石塔は千本鞍馬口の千本ゑんま堂引接寺（いんじょうじ）にある。境内西北にひときわ高い十三重塔の石塔だ。円形の基礎石の表面には14体の地蔵小像を刻み、その上の軸部に、薬師如来（東面）、弥勒菩薩（南面）、

定印阿弥陀如来（西面）、釈迦如来（北面）の四仏座像を表し、横に1386年（至徳3）8月22日に、円阿の勧進により、建立された旨の銘がある。これは古来より、紫式部の供養塔として有名である。

　冥府へ往来できたという異能の人、小野篁が平安時代からの葬送の地「蓮台野」に近く冥府の入り口に当たる当地に、「閻魔」法王の姿を刻み、お祀りする堂を建立した。これが千本ゑんま堂の始まりであるという。（千本ゑんま堂資料より）

◆ゑんま堂狂言

　京都の三代念仏狂言の一つで、セリフのない壬生狂言に対して、ここの念仏狂言はセリフがあり、毎年5月1〜4日、境内で催される。

紫式部供養石塔

鵺

[ぬえ]

観世・金春・宝生・金剛・喜多

鵺の霊／友枝昭世（喜多）

◆あらすじ

　旅の僧が摂津の芦屋の里に着き、里人に一夜の宿を頼むが断られ、夜毎怪しい化け物が出るという州崎の御堂に泊まる。

　すると怪しげな姿の舟人が現れ、頼政に弓矢で射られた亡心と名のり、頼政が矢を放ち落ちたところを刺し殺された有り様を語る。正体は鵺で、頭は猿、尾は蛇、手足は虎という化け物であった。

　僧が鵺の霊を弔っていると、鵺の霊が現れ再び頼政の鵺退治の様子を語る。退治された鵺の死体は丸木舟に乗せられ淀川に流されて、芦屋に漂着した。頼政は恩賞として剣を天皇から授かる。

芦屋市にあるぬえ塚

■作者　世阿弥
■能柄　五番目物
　　　　鬼物
　　　　太鼓物
■登場人物
前シテ　舟人
後シテ　鵺の霊
ワキ　　旅僧
アイ　　芦屋の里人

■京都御所　上京区京
都御苑３番地
☎075-211-6348（環
境省管理事務所）
☎075-211-1215（宮
内庁京都事務所）
・京都駅から市営地下鉄
烏丸線で丸太町駅下車
か、今出川駅下車。
・京都御所の拝観は、宮
内庁京都事務所参観係へ
申し込む。

■鵺大明神　上京区主
税町（二条児童公園内）

◆この曲の舞台　京都御所内紫宸殿

　『平家物語』の源頼政の鵺退治を素材にした曲である。夜毎丑の刻（午前２時）になると近衛天皇は何かにおびえ、また京都御所紫宸殿の上空を黒雲が覆うとおびえるのであった。頼政が警護の役にあたることになった。

　頼政が鵺を退治したという伝説の舞台は紫宸殿である。当時の御所は現在の御所より1.7km西にあり、現在の京都御所内には鵺の物語の痕跡を残すところは見当たらない。しかし鵺を祀る御堂が京都市内にあった。上京区の二条城とＮＨＫ京都放送局の真ん中にあたる二条児童公園に、数基の小さな社が並ぶ、その一角に鵺大明神がある。鵺も神として祀られている。辺りには京都の町家が並ぶ。

　鵺の死体は丸木舟に乗せられ、淀川を下り大坂湾の潮の流れに乗り芦屋に漂着すると語られる。阪神電車芦屋駅で下車し、南に10分程歩くと潮の香りがする松浜町の公園に出る。ここに鵺の死体がたどり着いたといわれるぬえ塚がある。また大阪市都島区島本３丁目にも鵺堂がある。

❖登場人物紹介❖

鵺の霊　　頭は猿、尾は蛇、手足は虎という化物。

源 頼 政（みなもとのよりまさ）　　「頼政」のページ参照。

京都—中京区

祇園祭

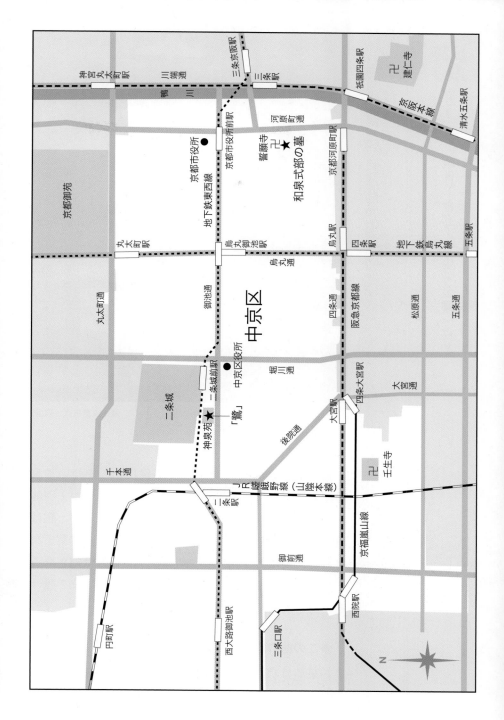

神宮丸太町駅　川端通　三条京阪駅
三条駅　祇園四条駅　卍建仁寺
鴨川　京阪本線　清水五条駅
京都市役所●　京都市役所前駅　河原町通　誓願寺卍　★和泉式部の墓　京都河原町駅
京都御苑　地下鉄東西線　烏丸御池駅　烏丸駅　四条駅　地下鉄烏丸線　五条駅
丸太町駅　烏丸通
京都御苑
丸太町通
御池通
中京区　四条通　阪急京都線　松原通　五条通
二条城前駅　中京区役所●　堀川通
二条城　神泉苑★　「鷺」　四条大宮駅　大宮通
千本通　後院通　大宮駅
JR嵯峨野線（山陰本線）　卍壬生寺
二条駅
御前通　京福嵐山線
円町駅　西大路御池駅　西院駅
三条口駅
N

鷺
[さぎ]

観世・金春・宝生・金剛・喜多

鷺／永島忠侈（観世）

◆あらすじ

　帝（醍醐天皇）が夏の日の夕方従臣たちを伴い神泉<ruby>苑<rt>えん</rt></ruby>に御幸した。池の辺りで涼んでいると白鷺が1羽舞い降りる。帝は蔵人に捕まえるように命じるが、鷺は舞い上がってしまう。蔵人は帝の命令ぞやと言葉を掛けると、鷺は再び舞い降り地に伏す。蔵人は抱き取って見せると、帝は喜び蔵人にも鷺にも五位の位を授ける。鷺は喜びを舞に表し、空に飛び去る。

◆この曲の舞台　神泉苑

　神泉苑は794年（延暦13）桓武天皇が平安京を造営したとき、大内裏の南に接し、北は二条から南は三条

まで、東は大宮から西は壬生まで、広大な土地に設けられた禁苑であった。

　神泉苑には大池があり、その周囲には林があり、池から湧き出る泉に鷺などの野鳥が飛来して、水飲み場となっていたのであろう。

　神泉苑は、当初桓武天皇をはじめ、嵯峨天皇、醍醐天皇などが歌会、観花、遊宴、船遊、弓射などをして遊覧する庭園であった。また朝廷の諸行事も盛んに催された。平安中期以降は修法の場となった。

　弘法大師は823年（弘仁14）、嵯峨天皇より未完成の東寺を賜り、内裏に参内したが、その折にこの神泉苑に立ち寄っていた。天長元年の大旱魃に、西寺（東寺に対して羅城門の西にあった）の僧守敏が勅命により雨乞いをしたが効果がなく、次の勅命は弘法大師に下った。守敏はこれをねたみ、三千世界の龍神を水に封じ込めた。弘法大師も雨乞いの修法の効果なく、北

■作者　不明
■能柄　四番目物
　　　　特殊物
　　　　太鼓物
■登場人物
シテ　　鷺
ツレまたは子方
　　　　帝
ワキ　　蔵人
ワキツレ　従臣
ワキツレ　輿舁
アイ　　官人

神泉苑

祇園祭

■神泉苑　中京区御池
通神泉苑町東入ル門前
町166
☎075-821-1466
・三条京阪から市バス
12で堀川御池下車、ま
たは市バス15で神泉苑
前下車。
・京都駅から市バス9・
50・101で堀川御池下
車。
・地下鉄東西線・二条城
前駅下車。徒歩2分。

天竺に住む善女龍王が守敏の呪力を逃れて
いるのを知り、神泉苑の池に勧進して雨乞
いの修法をすると、池の中から善女龍王が
飛び去り、黒雲に覆われ雨が降ったという
伝説がある。この話が素材となって能「一
角仙人」となり、歌舞伎の戯曲では、歌舞
伎十八番の「鳴神」となった。鳴神の舞台
は北山に場所を置き換えて書かれているが、
話の内容は能の「一角仙人」そのまま取り
入れていると聞いている。

　奈良時代から平安時代にかけて、非業の
死を遂げた御霊が世を怨んで、疫病や怨霊
となって現れると信じられていた。そこで清和天皇の
863年（貞観5）神泉苑で御霊会を催し、それが都に広
がり、各地で御霊会が行われるようになった。869年
（貞観11）には、長さ2丈（約6ｍ）ほどの鉾を国の数
66本立てて神泉苑に繰り込み厄払いをした。後世に
なるとこれに車を付け、飾りを施し祇園御霊会となっ
たといわれている（現在の祇園祭の鉾の巡行の起源）。

　神泉苑の規模は現在では、創建当時の十数分の一に
すぎないが、平安京の昔から現存している東寺と共に、
洛中では最古の史跡である。神泉苑の前を東西に通じ
ている御池通の「御池」は、神泉苑の池のことで、御
池通と呼ばれるようになった。

　神泉苑狂言（大念仏）は壬生狂言の流れをくみ、毎
年5月1〜4日、神泉苑祭の行事として狂言堂で催さ
れている。

和泉式部の霊／今井清隆（金剛）

◆あらすじ

　三熊野に参籠した一遍は、持ち帰った御札を諸国に広めよとの霊夢を見て、都の念仏道場で名高い誓願寺にやって来る。信仰深げな都の女が現れ御札を受け取ると、阿弥陀の名号を唱え「誓願寺」の額を取って六字の名号ものをかけるよう願う。女は「自分の住まいは、あの石塔」と告げ和泉式部の墓に姿を消す。

　一遍が経を唱えると、和泉式部の霊が現れ、誓願寺の由来や阿弥陀の誓いを述べ、舞いを舞う。

◆この曲の舞台　誓願寺

　誓願寺は天智天皇の頃奈良に創建されたが、能「誓

誓願寺

■作者　不明
■能柄　三番目物
　　　　本鬘物
　　　　太鼓物
■登場人物
前シテ　都の女
後シテ　和泉式部の霊
ワキ　　一遍上人
ワキツレ　従僧
アイ　　所の者

■誓願寺　中京区新京
極通三条下ル桜之町東
側
☎075-221-0958
・京都駅から市バス4・
5・17・205で河原町
三条下車。

願寺」の舞台となった頃は、現在の上京区小川一条北、元誓願寺通にあった。

　現在は新京極の繁華街の中心にある。1585年（天正13）豊臣秀吉の側室であった松丸の祈願により、洛中にある寺をここへ集め「寺町」と呼ばれるようになった。誓願寺もその時に、この地に移され、京極一大きな敷地であった。しかし明治になって、この地を繁華街にすることになり、現在のようなこぢんまりした寺となった。

　誓願寺の本堂は、新京極通と六角通が交わる東側にある。新京極通を南に少し歩くと道沿いに格子があり、和泉式部の墓と伝えられる石塔がある。もう少し歩くと誠心院（じょうしんいん）がある。この誠心院は和泉式部の法名「誠心院智貞専意」にちなんで名付けられ、塔頭もあった、院の脇に式部ゆかりの「軒端の梅」（のきば）が植えられており、藤原道長の創建と記した案内がある。もとは誓願寺の敷地内であった。

誠心院

誓願寺の墓地は裏寺町通にある。門をくぐると、墓石がぎっしり立ち並ぶ、落語の始祖で僧でもあった安楽庵策伝も、晩年この誓願寺塔頭に安楽庵を結び、『醒睡笑』を執筆した。墓も境内にある。

和泉式部の墓

◆和泉式部の墓

和泉式部の墓は京都府木津川市殿城14番地にある。ここはかつて「和泉式部廟」と呼ばれていたが、明治時代に廃寺に。近くの木津町安福寺には平重衡の墓（胴塚）がある。(JR奈良線木津駅下車)

❖登場人物紹介❖

和泉式部　「東北」のページ参照。

一遍上人　1239〜1289年（延応1〜正応2）鎌倉時代の僧。時宗の開祖。伊予の国の豪族河野通広の子。延暦寺で天台宗後に浄土宗西山派の曾師の弟子聖達に念仏の奥義を受け、信濃の善光寺をはじめ伊予の菅生の岩屋、豊前の宇佐八幡宮、大坂の四天王寺、山城の石清水八幡宮、紀伊の熊野権現などの霊場に参籠し、名を自ら「一遍」と称する。その後、諸国遊行の途につき念仏札を授け、1289年（正応2）兵庫で最後の法話を開き、所持した経典を焼き捨て、「我がなきがらは野に捨てけだものなどに施せよ」と言葉を残し8月23日に51歳で没する。墓は神戸市兵庫区松原通沿いの真光寺境内。近くに清盛塚、琵琶塚がある。

京都─左京区

鞍馬寺　木の根道

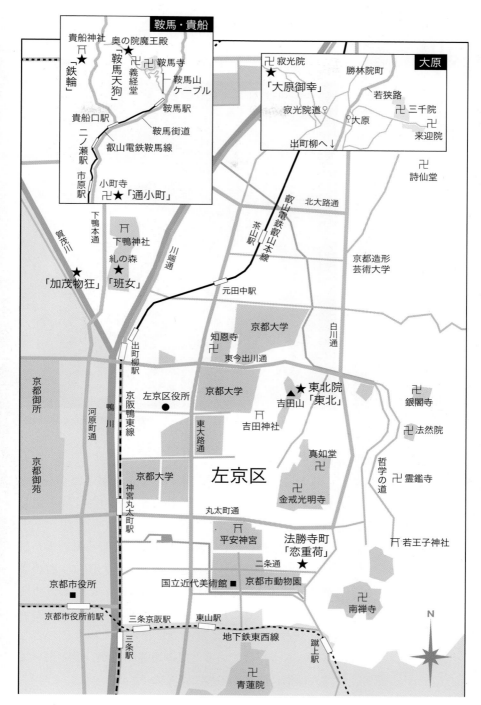

鞍馬・貴船

貴船神社
卍
「鉄輪」
★
奥の院魔王殿
★
「鞍馬天狗」
卍 鞍馬寺
義経堂
鞍馬山
ケーブル
貴船口駅
鞍馬駅
鞍馬街道
二ノ瀬駅
叡山電鉄鞍馬線
市原駅
小町寺
卍 ★「通小町」

大原

卍 寂光院
★
「大原御幸」
勝林院町
若狭路
寂光院道♀
♀大原
卍 三千院
卍 来迎院
出町柳へ↓

卍 詩仙堂

下鴨本通
卍
下鴨神社
糺の森
★「班女」
川端通
北大路通
叡山電鉄叡山本線
茶山駅
京都造形
芸術大学

賀茂川
★
「加茂物狂」
元田中駅

京都大学
知恩寺 卍
東今出川通
白川通

京都御所
出町柳駅
河原町通
鴨川
京阪鴨東線
左京区役所 ●
京都大学
東大路通
★東北院
「東北」
▲吉田山
卍 銀閣寺
卍 法然院

左京区

京都御苑
神宮丸太町駅
京都大学
吉田神社 卍
真如堂 卍
卍 金戒光明寺
哲学の道
卍 霊鑑寺

丸太町通
平安神宮
法勝寺町
「恋重荷」
卍 若王子神社

京都市役所 ■
京都市役所前駅
国立近代美術館 ■
二条通
★
京都市動物園
卍 南禅寺

三条京阪駅
東山駅
地下鉄東西線
N

三条駅
蹴上駅

青蓮院 卍

通小町

[かよいこまち]

観世・金春・宝生・金剛・喜多

四位少将の霊／坂真太郎　小野小町の霊／観世喜之（観世）

◆あらすじ

　八瀬に住む僧が、毎日木の実や薪を届けにくる里の女に名を聞くと、市原野に住む姥とだけ答え姿を消してしまう。

　僧が市原野に行き、弔っていると小野小町の霊が現れ、小町の霊を追うように、痩せ衰えた四位少将の霊がやって来る。少将の霊は小町の成仏を引き留める。生前小町に恋慕し百夜通いしたら思いを叶えようといわれたが、99日目に死んでしまい、死後もその苦しみを抱きつづけていると怨みを述べるが、僧の弔いで二人は供に成仏するのであった。

◆**この曲の舞台　市原野　小町寺**

　鞍馬街道を車で登って行くと市原に出る。小町寺は石を積み上げた崖脇に石段があり、登って行くと墓地がある。古い石塔を探してみると深草少将の石塔が目に入る。深草少将は実在の人物ではないのに慰霊碑があるのは何故だろう。おそらくこの曲を知る人が建てたのであろう。少し離れた所に鎌倉時代の作といわれる五重の石塔の小野小町供養塔がある。小町寺は正式には如意山補陀洛寺といい、959年（天徳3）清少納言の曾祖父である清原深養父の山荘を延昌僧正が寺としたとある。本堂には室町時代の作「小野小町老衰像」が祀られている。

小町寺・小野小町供養塔

■作者　観阿弥
■能柄　四番目物
　　　　執心男物
　　　　大小物
■登場人物
シテ　　四位少将（深草少将）の霊
前ツレ　里の女
後ツレ　小野小町の霊
ワキ　　山居の僧

■小町寺　左京区静市市原町
☎075-741-3662
・出町柳駅（京阪出町柳駅）から京都バス32で小町寺下車、または出町柳駅から叡山電鉄鞍馬線市原駅下車。

❖**登場人物紹介**❖

小野小町（おののこまち）　「草紙洗」のページ参照
深草少将（ふかくさのしょうしょう）　小野小町説話の主人公。

43

大原御幸

[おはらごこう]

観世・金春・宝生・金剛・喜多

喜多は「小原御幸」と記す。

建礼門院／粟谷菊生（喜多）

◆あらすじ

　平家が壇之浦で滅亡した後、建礼門院は出家して大原 寂 光院に住み、安徳天皇ほか平家一門の冥福を祈っていた。初夏のある日、後白河法皇は建礼門院を慰めに訪れる。女院は仏前に供える 樒 を大納言局と共に山に採りに出掛けている。

　法皇は帰った女院から、平家一門の最期の有り様を聞き、慰める。法皇が名残りを惜しみながら帰って行くのを、建礼門院は寂しく見送るのであった。

◆この曲の舞台　大原寂光院

　自身の子安徳天皇と平家一門を壇之浦で亡くし、出

44

家して仏門に入った建礼門院が心寂しく余生を送った静寂の大原、草生の里のはずれに、楓に包まれた寂光院がある。

　寂光院は594年（推古2）聖徳太子が用明天皇の菩提を弔うために建立した寺と伝えられる。建礼門院は1185年（文治1）に入寺し、翌年後白河法皇が訪れた。本堂の東に建礼門院陵があり、境内の裏木戸を出ると庵室の址の石碑がある。寂光院を出て草生川に架かる小橋を渡ると阿波内侍（共に隠棲した藤原信西の娘）の墓がある。

■作者　不明
■能柄　三番目物
　　　　現在鬘物
　　　　大小物
■登場人物
シテ　　　建礼門院
ツレ　　　後白河法皇
ツレ　　　大納言局
ツレ　　　阿波の内侍
ワキ　　　万里小路中納言
ワキツレ　廷臣
ワキツレ　輿昇
アイ　　　従者

■寂光院　左京区大原草生町676
☎075-744-2545
・京都駅から京都バス17・18で大原下車。四条河原町から京都バス16で大原下車。

■2000年に放火による火災で全焼、2005年6月に再建された。本堂に安置されていた建礼門院坐像も焼失し、新しい像が造られた。

❖ 登場人物紹介 ❖

建礼門院（けんれいもんいん）　　1155?〜1213?年（久寿2?〜建保1?）平清盛の娘、母は平時子、安徳天皇の母。本名平徳子。　法名真如覚。後白河法皇の養女となり、従三位女御となる。高倉天皇の中宮となり、1178年（治承2）安徳天皇を産む。1181年（養和1）院号宣下を受け建礼門院と称した。1185年（文治1）壇之浦で入水したが助けられ、出家して仏門に入り真如覚となる。その後寂光院で生涯を終え、同院裏の大原西陵に葬られた。

後白河法皇（ごしらかわほうおう）　　1127〜1192年（大治2〜建久3）天皇在位1155〜58年。鳥羽天皇の第4皇子、雅仁、母は待賢門院藤原璋子。1155年（久寿2）近衛天皇の没後即位した。内裏・大内裏を造営をし、在位わずか3年で二条天皇に位を譲り、上皇となって二条・六条・高倉・安徳・後鳥羽天皇の5代にわたる34年間、院政を行なった。

鉄輪

[かなわ]

観世・金春・宝生・金剛・喜多

女（妻）の生霊／今井清隆（金剛）

◆あらすじ

　夫に離別された女が、貴船の宮の霊験を信じ夜毎祈願に通う。夫への恋慕が憎しみに変わり、その怨念ゆえの報復を貴船の神に祈願する。社人が神のお告げを女に伝える。お告げは、赤い着物を着、顔を丹塗りにして、頭に鉄輪を逆さに載せ、その3足に蝋燭を灯し、憤りを持てばたちどころに鬼神となって怨念を晴らせるというものだった。それを聞いた女は早くも鬼の面相となって走り去って行く。

　夫の方は夢見が悪く、陰陽師安倍晴明に占いを頼む。陰陽師宅で晴明が祈祷していると、女は生霊となって現れ、夫の命を取ろうとするが、通力を失い立ち去るのであった。

◆この曲の舞台　貴船神社

　貴船川に沿って森の中の暗い参道を歩くと貴船神社
がある。この曲の典拠は『平家物語』剣ノ巻「丑乃刻詣」。
丑乃刻といえば現在の午前2時、貴船神社にこの時間
に人を呪いに来るというのは邪心なくしてはできない
怨念そのものと思われる。

　貴船神社の栞によると、創建は不詳。平安中期から
江戸期まで賀茂別雷神社の摂社とせられるとある。か
なりの昔からあったとみていいだろう。現在でも水神
を祀り、雨乞い、雨止めの神として信仰が厚く、全国
の貴船神社の総社である。龍王ヶ滝は「雨乞いの滝」
とも呼ばれ、祈雨神事の霊地。「中宮」と呼ばれる結社
は縁結びの神として知られている。奥宮の脇にある船
形石は、神武天皇の母玉依姫が鴨川を遡り貴船に至る
とき乗った黄船を、小石で積み囲んだと伝えられる石
組みで、航海安全の信仰の対象である。

　能に関係した旧跡がもう一つ栞に書かれている。鉄
輪の掛け岩、宇治の橋姫が頭の鉄輪を置いた岩、とあ
るので探してみたが
見つからなかった。
大雨時の洪水で流さ
れてしまったのか。

　貴船神社に向かう
途中に、鞍馬寺への
登山口がある。

◆鉄輪の井戸

　下京区堺町通松原

■作者　不明
■能柄　四・五番目物
　　　　鬼女物
　　　　太鼓物
■登場人物
前シテ　女（妻）
後シテ　女（妻）の生霊
ワキ（後）安倍晴明（陰陽
　　　　師）
ワキツレ（後）夫
アイ　　貴船の宮の社人

■貴船神社　左京区鞍
馬貴船町180
☎075-741-2016
・出町柳駅より叡山電鉄
で宝ヶ池駅乗換え、鞍馬
線で貴船口駅下車。また
は地下鉄烏丸線で国際会
館駅乗換え、京都バス
52で貴船口下車。

貴船神社

鉄輪 ［かなわ］

鉄輪の井戸

下ル鍛冶屋町西側に鉄輪の井戸がある。ここは貴船神社に怨念を祈願した恐ろしい妻の住んでいた所で、ここから貴船まで夜毎、丑の刻参りした。

一番わかりやすい行き方は、河原町松原の交差点から西へ6筋目の堺町通を南に行く。すると右側に「謡曲標示鐵輪跡」の石碑があり、小路の奥に朱塗りの小さい祠と鉄輪の井戸がある。

この堺町通を北に、松原通を通り過ぎると左側に「夕顔之墳」の石碑があり、個人のお宅の坪庭に夕顔之墳がある。

◆晴明神社

前シテの中入り後に舞台正先に祈祷台が置かれる。祈祷が行われるのは陰陽師の安倍晴明宅である。その邸宅跡であり、安倍晴明を祀る晴明神社は上京区一条上ル晴明町、ここは一条戻橋の近くだ。

■晴明神社　上京区堀川通一条上ル晴明町806
・京都駅から市バス9で一条戻り橋下車。
三条京阪駅から市バス12で一条戻り橋下車。

┌─────────────────────┐
❖登場人物紹介❖

安倍晴明（あべのせいめい）　921〜1005年（延喜21〜寛弘2）平安中期の陰陽家、天文博士、左京権太夫、播磨守。安倍晴明神社の祭神。安倍晴明は賀茂忠行、保憲親子に就き陰陽道・天文道を学んだ。晴明の占いや予言の説話は、『今昔物語集』や『古今著聞集』に見られる。陰陽師とは、平安時代に中国から伝来した二気五行の法術で、天・暦数・方位などを研究して、自然現象と社会現象を結びつけ、占いや呪いを行った。平安後期には安倍・賀茂の両家が世襲により家業化していった。
└─────────────────────┘

天狗／髙橋忍　牛若丸／髙橋ゆず（金春）

鞍馬天狗

［くらまてんぐ］

観世・金春・宝生・金剛・喜多

◆あらすじ

　京都洛北鞍馬山、桜は見頃。僧がかわいい稚児を連れてやって来る。そこへ山伏が花見にやって来て座り込む。僧と平家の稚児たちは「西谷の桜は今が満開」と山伏と事を荒だてるのを避け、牛若を残し退場する。牛若は山伏に「私と一緒に山の桜を見ましょう」と誘い、山伏に自分の立場を明かす。あの稚児たちは、今を時めく平家の子どもたち、一方同じ寺に居るが牛若は源氏の子。山伏は牛若の身分に同情し、名を尋ねられると、この山の大天狗と明かし立ち去る。

　再会の日、牛若は薙刀を持って待っていると大天狗が現れ、平家討伐の力を授け、天空に飛び去って行く。

49

鞍馬山義経堂

■作者　宮増
■能柄　五番目物
　　　　天狗物
　　　　太鼓物
■登場人物
前シテ　山伏
後シテ　天狗
子方　　牛若丸
子方（前）稚児（数人）
ワキ（前）東谷の僧
ワキツレ（前）同伴の僧
オモアイ（前）西谷の能力
アドアイ　小天狗（数人）

■鞍馬寺　左京区鞍馬
本町1074
☎075-741-2003
・出町柳駅より叡山電鉄
鞍馬線鞍馬駅（終点）下
車。

◆この曲の舞台　鞍馬山

　叡山電鉄の終点鞍馬駅を降りると桜の時期とはいえ
まだまだ肌寒い。山門は駅からすぐで、ケーブルカー
もあるが、山路の参道を登るのも楽しい。杉の巨木が
ひしめき、昼なお暗い参道の途中に、鬼一法眼社があ

━━╸❖登場人物紹介❖╺━━

鞍馬天狗（くらまてんぐ）　鞍馬に住む天狗で仏教を守護する正義の
　　　　味方。一方神通力にものをいわせ高慢になり、あっ
　　　　さり鼻をへし折られる存在。

牛若丸（うしわかまる）　前名遮那王丸、源義経の幼名。平治の乱で
　　　　父の源義朝を失い、母の常盤と共に捕らわれの身と
　　　　なったが、死を免ぜられ鞍馬寺に預けられる。その
　　　　後は奥州の藤原の庇護を受ける。

る。鬼一法眼は牛若に兵法を授けた人物である。それを過ぎると昭和15年に建立されたという義経供養塔がある。牛若が弁慶を五条橋の上で服従させた箏の名曲「稚児桜」の碑があり、九十九折りの坂がこの辺りから始まり、本殿金堂までは七百数十メートル。本殿の周囲には本坊金剛寿命院はじめ転法輪堂、寝殿などが立ち並ぶ。

　そこから奥の院方面の参道を登って行くと、牛若と鞍馬天狗にゆかりの史跡が残っている。牛若が僧正ヶ谷に修業に通う途中、湧き出す清水で口を潤した「息つぎの水」。牛若が奥州へ下ることになった16歳のとき、背比べした「背くらべ石」。杉の木の根が露出した「木の根道」。牛若丸と鞍馬天狗が花見に興じたという能「鞍馬天狗」の話の舞台「僧正ヶ谷不動堂」。1189年（文治5）奥羽の衣川合戦で自害した義経の霊を祀る「義経堂」。このように牛若丸が若き日に剣術修業などをして過ごした鞍馬山は、今ではトレッキングに最適である。奥の院から不動の滝、西門へと下ると貴船神社へ出る。

鞍馬山奥の院・魔王殿

恋重荷

[こいのおもに]

観世・金春

山科荘司の霊／河村禎二（観世）

◆あらすじ

　白河院の御所の庭に咲く菊の手入れをする山科荘司（やましなのしょうじ）という老人がいた。老人は身分の違う女御（にょうご）に恋をしてしまった。廷臣が山科荘司を呼び出し「荘司、女御に恋してるな。女御はその重荷を百回千回持ち上げ庭を回ったら姿を見せてもよいと、おっしゃっている」と伝える。荘司は、老いの力を振り絞り重荷に挑戦し、持ち上げようとするが持ち上がらない。女御にいたぶられたと思った荘司は、片思いの恋の怨みを思い知れと死んでいく。

　女御が姿を見せると、乱心した荘司の幽霊が凄まじい形相で怨みを語り、地獄に落ちた自分の霊を弔ってくれるなら、女御の守護神になるといって去って行く。

52

■作者　世阿弥
■能柄　四番目物
　　　　執心男物
　　　　太鼓物
■登場人物
前シテ　老人（山科荘司）
後シテ　老人（山科荘司
　　　　の霊）
ツレ　　白河院の女御
ワキ　　廷臣
アイ　　従者

■舞台に錦の織物で包
まれた重荷を後見が運
び込む。軽そうに見え
るが中身はなんと、大
きい石。

■岡崎法勝寺町
・京都駅から市バス5で
神宮道、京都会館美術館
前、動物園前、法勝寺町
下車。

◆この曲の舞台　岡崎法勝寺町　白河院跡・法勝寺跡

　白河院と法勝寺跡の京都府の立て看板によると、白河院は元藤原良房（よしふさ）の別荘であったが、藤原師実（もろざね）のときに白河天皇に献上され、1075年（承保2）白河天皇により法勝寺が造営された。白河天皇が造営した法勝寺は、いくつもの甍で覆われた広大な寺院であったと思われる。法勝寺は、尊勝寺、最勝寺、円勝寺、成勝寺、延勝寺と共に六勝寺と称された寺で、東は岡崎道より300m東、西は岡崎道、南は現在の動物園の南、北は冷泉通より50m南に囲まれた広大な土地をしめていたが、1185年（文治1）の大地震と1342年（康永1）の火災により焼失した。覚威和尚によって一部再建されたが、衰退の途をたどり廃寺となってしまった。

　今では左京区岡崎法勝寺町に「白河院址」の石碑が残るのみである。現在では京都市動物園や料亭、旅館、保養施設の町である。近くには平安神宮、京都市美術館、疎水の対岸には京都観世会館がある。

班女

[はんじょ]

観世・金春・宝生・金剛・喜多

狂女（花子）／三川淳雄（宝生）

◆あらすじ

　美濃国の野上の宿の遊女花子は、京都からきた吉田少将と一夜を過ごし、愛のしるしの扇を互いに取り交わしたのをきっかけに、ほかの客の席に出なくなる。腹が立った宿の長は花子から扇を取り上げ、花子にその扇を投げつける。花子は拾い上げた扇を持って泣きながら追い出されて行く。

　少将は東国からの帰りに花子に再会しようと、再び野上を訪れるが、花子は行方知れずになっていた。都に帰り下鴨神社に参詣すると、糺の森で狂女に出会う。女は中国漢時代の扇の故事から班女と呼ばれていた。班女は恋人の扇を抱き、待つ人を想い舞うのであった。

不審に思った少将は自分の扇と班女の抱く扇を見くらべる。なんとそれはかって一夜の契りを結んだ花子のものではないか。班女は狂気から醒め恋人との再会の契りを結ぶ。

◆この曲の舞台　下鴨神社　糺の森

　賀茂川と高野川の合流する所に下鴨神社（正式には賀茂御祖（みおや）神社）がある。糺の森は神社へ通じる参道の周りの森のことである。「班女」の後場（のちば）はこの糺の森が舞台である。美濃の野上を追い出された花子は、恋人に会いたい一心で都に向かい、狂乱して糺の森に迷い込んだ。吉田少将は再会を願おうと下鴨神社に参詣途中、この糺の森で二人は再会を果たす。

　現在の糺の森は市民をはじめ観光客の憩いの場所となっている。自然の樹木に覆われた美しい森林で、大都市の中心に原生林があるのは珍しい。

■作者　世阿弥
■能柄　四番目物
　　　　狂女物
　　　　大小物
■登場人物
シテ　　花子（遊女）班
　　　　女
ワキ　　吉田少将（後）
ワキツレ　従者（後）
アイ　　野上の宿の長

■下鴨神社　左京区下鴨泉川町59
☎075-781-0010
・京都駅から市バス4・205で下鴨神社前下車。

下鴨神社糺の森

55

東北

[とうぼく]

観世・金春・宝生・金剛・喜多

和泉式部の霊／今井清隆（金剛）

◆あらすじ

　東国から来た旅の僧が、都の東北院の美しい梅を眺めていると、遠くから呼びかける女がいる。女は、この寺は元上東門院の御所で、庭の梅は和泉式部が方丈の西に植えた軒端の梅なのですと僧に教え、「私は梅の主」といい残して、夕日に映える梅の陰に姿を消す。

　僧が読経していると、ありし日の姿のまま現れた和泉式部の霊が、むかし藤原道長公が、お通りのときお経が聞こえたものです。和泉式部も「かどの外、法の車の音きけば　我も火宅を　出でにけるかな」と詠んだのを思い出すと僧に話す。僧に和歌の徳を謡い、都の東北の鬼門に当たる東北院は、仏の教えに導かれていることを語り、舞の菩薩さながら東北院を賛美して方丈に消える。

◆**この曲の舞台　東北院　軒端の梅**

　能「誓願寺」のところで、誓願寺の隣にある
誠心院には和泉式部ゆかりの「軒端の梅」が植
えられ、誓願寺には式部の墓と伝えられる石塔
がある、と記したが、左京区真如堂近くの東北
院の庭にも、朽ち果てそうな古木の「軒端の梅」
がひっそりと咲いている。

東北院軒端の梅

　東北院はもとは、藤原道長の造営した法成寺の東北
の位置に、道長の娘彰子により建立された寺だった。
梅の開花時期、京都は曇りがちで、寂しげな風情が漂
う。そんな季節のなかにひっそりと建つ東北院の本堂
と、「軒端の梅」の花である。その寂しげな梅の花は、
京都の寒さを和らげ、春の香りを旅人に与えてくれる
かのようだ。

■作者　不明
■能柄　三番目物
　　　　本鬘物
　　　　大小物
■登場人物
前シテ　都の女
後シテ　和泉式部の霊
ワキ　　旅の僧
ワキツレ　従僧
アイ　　東北院門前の者

■東北院　左京区浄土
寺真如町83
☎075-493-3839（円
満不動尊）
・京都駅から市バス5で
真如堂前下車。徒歩で真
如堂経由吉田山近く。

❖登場人物紹介❖

和泉式部　　生没年不詳。平安中期の女流歌人。大江
雅致の子、母は平保衡の娘。幼少の頃から江式部と
呼ばれ歌作に優れていた。父の影響で昌子内親王に
感化を受け、後に和泉守橘道貞と結婚。のち歌人と
して有名になった小式部内侍を産む。この頃から夫
の官名をとり和泉式部と名のる。
　　道貞とは別離後、式部は冷泉天皇の皇子、為尊親
王、敦道親王と恋愛し、敦道親王の死後に、後一条
天皇中宮の上東門院彰子に仕えた。紫式部、伊勢大
輔、赤染衛門らの女流歌人も彰子に仕えていた。そ
のあと藤原道長の家臣である藤原保昌と再婚して、
保昌の任地丹後へ下り、その後の行動は不明である。

加茂物狂

[かものぐるい]

宝生・金剛・喜多

喜多は「賀茂物狂」と記す

女（妻）／中村邦生（喜多）

◆あらすじ

　夫が陸奥に赴任し３年ぶりに帰って来た。その日は折しも賀茂の葵祭であったので、久しぶりに賀茂の祭に出掛ける。

　妻は長い間、夫の帰りを待ちつづけ狂乱してしまった。妻も賀茂の祭に一人で出掛る。葵の葉をつけた狂い笹を持ち呆然としている女。夫は女が自分の妻であることに気づくが、人目があり声を掛けられない。妻は夫の帰りを賀茂の神に祈っていたのである。夫はそっと妻を誘い境内の藤原実方の橋本社の縁を伝えて舞を勧める。舞っているうちに夫と気づき二人は家路を急ぐのであった。

58

◆この曲の舞台　下鴨神社

　下鴨神社は上賀茂神社の神である賀茂別雷神の母、玉依姫命と祖父の賀茂建角身命を祀っている。「加茂物狂」の謡の詞章にある「橋本社」「岩本社」は境内の末社で、舞殿の近くに小さい社がある。

　シテが舞台の一ノ松にかかるところは現実の橋の上なのか、賀茂堤なのであろうか……。

　現在、京都の桜見物の名所はどこをとってもすばらしい。しかし、ぜひ一度は賀茂堤の桜を見たいものだ。忘れることのできない名勝である。

■作者　不明
■能柄　四番目物
　　　　狂女物
　　　　大小物
■登場人物
シテ　　女（妻）
ワキ　　都の者（夫）
ワキツレ　従者

■下鴨神社　左京区下鴨泉川町59
☎075-781-0010
・下鴨神社・賀茂堤へは京都駅から市バス4・205で下鴨神社前下車。

賀茂川堤の桜

京都—下京区

枳殻邸

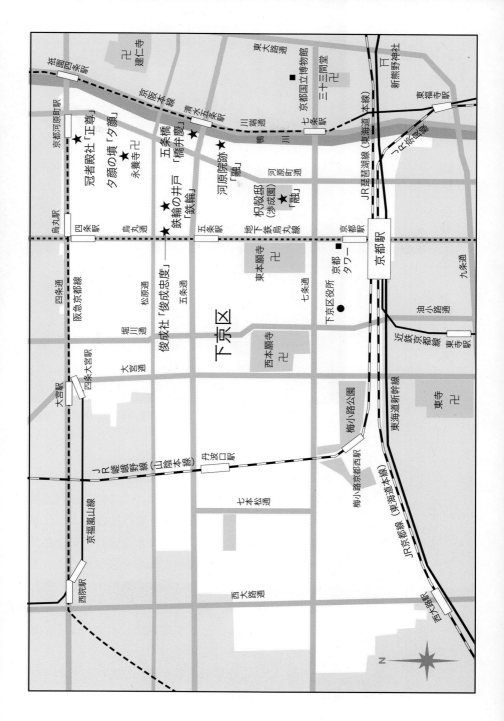

京阪本線

京都河原町駅

祇園四条駅

卍 建仁寺

東大路通

卍 新熊野神社

京都国立博物館 ■

三十三間堂 卍

冠者殿社「正尊」 ★

夕顔の墳「夕顔」

永養寺 卍

五条橋「橋弁慶」 ★

清水五条駅

川端通

鴨川

七条駅

東福寺駅

JR奈良線

JR琵琶湖線（東海道本線）

烏丸駅

四条駅

烏丸通

鉄輪の井戸 ★「鉄輪」

河原院跡「融」 ★

河原町通

松殿邸（渉成園）「融」

五条駅

地下鉄烏丸線

京都駅

京都駅

九条通

阪急京都線

四条通

東本願寺 卍

七条通

京都タワー

俊成社「俊成忠度」

松原通

五条通

西本願寺 卍

下京区

下京区役所 ●

油小路通

近鉄京都線

東寺駅

堀川通

大宮通

西本願寺 卍

七本松通

東寺 卍

大宮駅

四条大宮駅

JR嵯峨野線（山陰本線）

丹波口駅

梅小路公園

梅小路京都西駅

東海道新幹線

京福嵐山線

梅小路京都西駅（東海道本線）

JR京都線

西院駅

七本松通

西大路通

JR京都線（東海道本線）

西大路駅

N

61

融

[とおる]

観世・金春・宝生・金剛・喜多

源融の霊／観世銕之丞（観世）

◆あらすじ

　東国の僧が六条河原院の旧跡に着くと、桶をかついた潮汲みの老人と出会う。老人は、ここは六条河原院、昔、源　融　左大臣が陸奥塩竈の浦の景色をここに移し、難波の浦から潮を運び池へ海水を入れ、船を浮かべて酒宴をしたり、塩を焼いて風流を楽しんだと昔を懐かしむ。老人は東国の僧に美しい京の山々を指さして音羽山、逢坂の関、歌の中山清閑寺、今熊野、稲荷山、藤ノ森と教える。そして思い出したかのように桶で潮を汲み、消え去っていく。

　僧が待っていると源融の霊が現れ、月明かりの下で優雅に舞を見せ、月の都に入るように消えていく。

◆この曲の舞台　源融の河原院跡

　河原院は五条大橋西詰の南西にあたる地で、東高瀬
川筋五条下ルの道沿いの大木の根元に「此付近　源融
河原院址」の石碑がある。河原院は豪邸であった。河
原町五条を下がった所に本塩竈町の地名がある。南の
枳殻邸（東本願寺の別邸、渉成園の別称）を含むとい
う説もある。河原院はその景勝によって知られ、現在
の渉成園（枳殻邸）のような風景が広がっていたのに
ちがいない。

■作者　世阿弥
■能柄　五番目物
　　　　貴人物
　　　　太鼓物
■登場人物
前シテ　潮汲みの老人
後シテ　源融の霊
ワキ　　旅の僧
アイ　　都六条辺りの者

枳殻邸

63

融 [とおる]

■源融の河原院跡　下京区西木屋町通五条下ル都市町
・京都駅から市バス4・5・205で河原町五条下車。

■渉成園（枳殻邸）下京区下珠数屋町通間之町東入東玉水町
・京都駅から徒歩十数分。

■源融の墓　右京区嵯峨釈迦堂の清凉寺境内にある。清凉寺は源融の山荘棲霞観を寺としたもので、父の嵯峨天皇の墓もある。

この付近源融河原院址と書かれた石碑

源融の墓

夕顔の霊／今井清隆（金剛）

◆あらすじ

　初秋の頃旅の僧が五条辺りまできたとき、一軒の家から「山の端の心も知らで行く月は　上の空にて影や絶えなん」と和歌を詠う声が聞こえる。僧が問いかけると、女は、ここは『源氏物語』で夕顔が御息所の生霊にとりつかれ突然死んだところだといい、落日の秋の陽とともに姿を消す。

　旅の僧が哀れみ弔うと、夕顔の霊が現れ昔を懐かしみ、哀れな女心の風情を舞うのであった。

◆この曲の舞台　源融河原院跡

源融が栄華を誇った河原院跡には現在では町家が並

65

夕顔 [ゆうがお]

町家の坪庭の
夕顔の墳

■作者　不明
■能柄　三番目物
　　　　本鬘物
　　　　大小物
■登場人物
前シテ　五条辺りの女
後シテ　夕顔の霊
ワキ　　旅の僧
ワキツレ　従僧
アイ　　五条辺りの者

■源融の河原院跡　下
京区西木屋町通五条下
ル都市町
・京都駅から市バス4・
5・205で河原町五条下
車。

び、傍らの榎の大木の根元に石碑が寂しげに建ってい
る。光源氏が夕顔と二人きりで過ごすため河原院に連
れて行ったところ、六条御息所の嫉妬心が、生霊となっ
て夕顔を呪い襲いかかった。

　園芸種のユウガオは夕日が沈むと蕾が開き、これぞ
とばかり白い大輪の美しい花を咲かせ、朝日を浴びる
頃になると萎んでしまう。まるで夕顔の人生と符合し
ているかのように見える。

◆夕顔之墳

　下京区堺町通松原上ル西側に夕顔町がある。民家の
門口に「夕顔之墳」の石碑があり、そのお宅のチャイム
を押したところ、気さくに夕顔之墳を見せてくださっ
た。京の坪庭にある墳は五輪塔に台座があり石造りの
献花台と焼香台もある。虚構の主人公にもかかわらず、
『源氏物語』の夕顔に魅せられて何代か前の当主が、
夕顔の心を悼み供養塔を建てたのではないだろうか。

═══❖登場人物紹介❖═══

夕顔　　　『源氏物語』の登場人物。頭中将との間に女
　　　　児玉鬘を産むが、頭中将の北の方に脅され身を隠す。
　　　　後に光源氏に愛され、六条御息所の生霊に取りつか
　　　　れて死ぬ。その愛は長い間、光源氏の心に宿りつづ
　　　　ける。

平忠度の霊／津村禮次郎（観世）

俊成忠度
［しゅんぜいただのり］

観世・宝生・金剛・喜多

◆あらすじ

　一ノ谷の合戦で岡部六弥太忠澄が、誰とも知らずに討った武将の箙に短冊が付いていた。自分が討ったのは敵の武将薩摩守平忠度とわかり、忠度の和歌の師匠藤原俊成に届けた。短冊には「行き暮れて木の下陰を宿とせば　花や今宵の主ならまし」と歌があった。忠度とわかり哀しむ。俊成は『千載和歌集』の撰者で、忠度は入集を懇願したが、撰集を命じたのは平家討伐の勅を下した後白河院であったため、入集には、と思った俊成は平忠度とは書けず「読み人知らず」として入れたのであった。亡霊となって現れた忠度は嘆くが、『千載和歌集』にこの優れた歌がある限り忠度の名は

藤原俊成の墓

俊成社

■作者　内藤左衛門
■能柄　二番目物
　　　　公達物
　　　　大小物
■登場人物
シテ　　平忠度の霊
ツレ　　藤原俊成
トモ　　俊成の従者
ワキ　　岡部六弥太忠澄

■忠度塚　明石市天文
町２丁目
■忠度腕塚堂　神戸市
駒ヶ林４丁目
■忠度胴塚　神戸市長
田区野田町（阪神淡路
大震災で壊れ2003年
７月再建）
■藤原俊成の墓　南明
院　伏見区深草願成町
38-6
☎075-541-1776

残るだろうといい、いくつかの和歌の徳を讃えると、忠度の表情が険しくなり修羅の苦しみをみせ、夜明けとともにに姿を消す。

◆この曲の舞台　俊成邸跡

　俊成邸跡は２か所にある。その一つは五条京極邸、現在の寺町通松原上ル周辺で京極の町名が名残りを残しているが、商店が軒を連ね当時をしのぶものはない。もう一つの小さい社「俊成社」は、烏丸通松原下ル東側にあり、11月28日の命日には線香が絶えない。

　藤原俊成の墓は伏見の東福寺山内の南明院にある。実は俊成の墓はどの資料にもなかったのだが、自然居士の墓を東福寺に訪ねたとき看板に「藤原俊成の墓」とあり、偶然にも発見できた。看板に「お尋ね下さい」とあるので伺うと墓廟は一番奥にありわかりづらい。墓碑には「北大歌聖俊成卿」とある。

=❖登場人物紹介❖=

藤原俊成（ふじわらのとしなり）　1114～1204年（永久２～元久１）平安末から鎌倉初期の歌人。1187年（文治３）後白河法皇の命により『千載和歌集』を撰進。『古来風躰抄』を著した。後鳥羽上皇により和歌所で九十の賀を祝われ、歌人として当代第一人者の名声を受けた。

平　忠度（たいらのただのり）　1144～1184年（天養１～寿永３・元暦１）平安時代後期の武士・歌人。平忠盛の子。1183年（寿永２）源義仲との戦いに敗れ、翌年の一ノ谷の合戦で岡部忠澄に討たれて戦死した。藤原俊成に師事して和歌をよくした。

夕顔の女の霊／観世恭秀（観世）

半蔀

[はしとみ・はじとみ]

観世・金春・宝生・金剛・喜多

◆あらすじ

　紫野にある雲林院の僧が、夏に立花供養（りっか くよう）をしていると、どこからか里の女が現れ、手で折ると花が汚れるので、そのまま手向けましょうと話しかける。僧が女に花の名を聞くと、女は「夕顔」と答え、夕顔の花の主を聞くと、昔五条辺りに住んでいた……といい、花の陰に姿を消す。そこへ所の者が現れ光源氏と夕顔の出会いを語り、共に五条へ弔いに出掛けることになる。

　僧が庵に話しかけると、半蔀戸（はしとみ ど）を上げて夕顔の霊が現れ、光源氏との楽しかった日々を振り返り、源氏をしのび舞う。夜が明ける頃になると、夕顔の霊は半蔀戸の奥へ消えるのであった。

69

■作者　内藤某
■能柄　三番目物
　　　　本鬘物
　　　　大小物
■登場人物
前シテ　里の女
後シテ　夕顔の女の霊
ワキ　　雲林院の僧
アイ　　所の者
■舞台には作り物の半
蔀屋が置かれ、夕顔と
瓢箪のツルが絡み合っ
ている。

◆この曲の舞台　五条辺り

　紫式部は「夕顔ノ巻」で光源氏と夕顔が出会った宿りを五条通のどこかに創造したのであろう。五条橋を西へ歩いてみても、夕顔の咲くような、もの静かな風景には出会えない。

花　ユウガオ

夕顔之墳の碑

夕顔　　　「夕顔」のページ参照。

土佐坊正尊／中森晶三 （観世）

正尊 ［しょうぞん］

観世・金春・宝生・金剛・喜多

◆あらすじ

　義経と兄頼朝との確執はますます深くなっていた。堀川館に謹慎する義経の所へ鎌倉の頼朝からの使者土佐坊正尊が義経を討つためにやって来たとの噂が立つ。弁慶は正尊に上京した訳を問い質す。義経に対面した正尊は熊野参詣の途中といい、その場逃れに起請文を書き読み上げる。偽りと知りつつも義経は正尊の機知を認め、盃を勧め、静御前が舞う。すると正尊は席を外し足早に退席する。

　義経館の下女が正尊の夜討ちを察し、弁慶らが武装して待ちかまえていると、正尊とその郎党は義経に襲いかかるが、弁慶らの活躍で正尊は捕らえられ、引立てられる。

冠者殿社

正尊［しょうぞん］

■作者　観世弥次郎長
　　　　俊
■能柄　四番目物
　　　　斬合物
　　　　太鼓物
■登場人物
シテ　　土佐坊正尊
子方　　静御前
ツレ　　源義経
ツレ　　義経の郎党
ツレ（後）姉和の光景
ツレ（立衆）（後）正尊の
　　　　郎党
ワキ　　武蔵坊弁慶（金
　　　　春・金剛はシテ）
オモアイ　義経館の下女
アドアイ　正尊の下人
　　（現在この役はない）

◆この曲の舞台　堀川館跡

『平家物語』「土佐坊昌俊被斬」が典拠となっている。
　義経が謹慎していた堀川館跡は堀川五条下ルから東側の一筋目醒ヶ井通周辺である。現在では堀川通の路幅が拡張され往時をしのぶものはない。下京区の区役所で尋ねると、醒ヶ井通五条下ルの寺院前に堀川邸跡の石碑があったとのこと。

◆土佐坊昌俊を祀る冠者殿社

　冠者殿社は四条通に面した繁華街の寺町東に社がある。毎年10月20日の戎講に近所の商店の人たちがお参りする習慣がある。

―――❖登場人物紹介❖―――

土佐坊正尊　本名土佐坊昌俊。？〜1185年（？〜文治1）鎌倉初期の武将。興福寺西金堂の衆徒。大和国針ノ荘の事件で土肥次郎実平に預けられ頼朝の家臣になる。頼朝の命により1185年（文治1）10月17日堀川の義経邸を襲撃したが敗れ、鞍馬山に逃れたが捕えられ、処刑された。

武蔵坊弁慶／加藤眞悟　牛若丸／加藤慎一朗（観世）

◆あらすじ

　弁慶は従者から五条大橋に少年が現れては、見境なく人に斬りかかるという噂を聞き、武装して、大薙刀を持参し出掛けてみる。少年は薄衣を被り姿がわからない。二人は斬り合いになるが、身軽な牛若の早業に大薙刀を叩き落とされ、弁慶の剛腕も屈してしまう。牛若と知った弁慶は主従の約束を交わし、立ち去るのであった。

◆この曲の舞台　五条大橋

　平安時代の「五条の橋」は、現在の松原橋（四条大橋と五条大橋の間）の辺りにあった。松原橋のある松原

73

橋弁慶 ［はしべんけい］

■作者 不明
■能柄 四番目物
　　　　斬合物
　　　　大小物
■登場人物
シテ　　武蔵坊弁慶
子方　　牛若丸
トモ　　弁慶の従者
アイ　　都の者

**■五条大橋　下京区五
条通鴨川**
・京阪本線で清水五条駅
下車。３番出口。
・京都駅から市バス４・
５・205で河原町五条下
車。

通がかつての五条通で、豊臣秀吉の時代に、現在の位置に移されて今に至っている。国道１号線となっている五条通を直進し、堀川五条で左折すると大阪方面に延びている。五条大橋は東海道五十三次の終点で、現在でも交通の要所となっているため、立派な大橋になっている訳がわかる。鴨川にかかる朱塗りの大橋はいかにも京都らしく、橋の西詰には牛若と弁慶が戦う様子を物語るブロンズ像がある。

五条大橋

❖登場人物紹介❖

弁慶（べんけい）　　　？〜1189年（？〜文治５）平安末期の僧。号名を武蔵坊。『吾妻鏡』『平家物語』『源平盛衰記』にその名がある。伝承では、熊野の別当の子で幼名を鬼若丸。仏道より武術に優れ、源義経に従い安宅ノ関を逃れ奥州平泉に至ったが藤原泰衡の攻撃を受け、矢を全身に浴びて、立ち往生したといわれている。

牛若丸（うしわかまる）　　　源義経の幼名。「鞍馬天狗」のページ参照。

鴨川

京都—東山区・山科区

清水寺

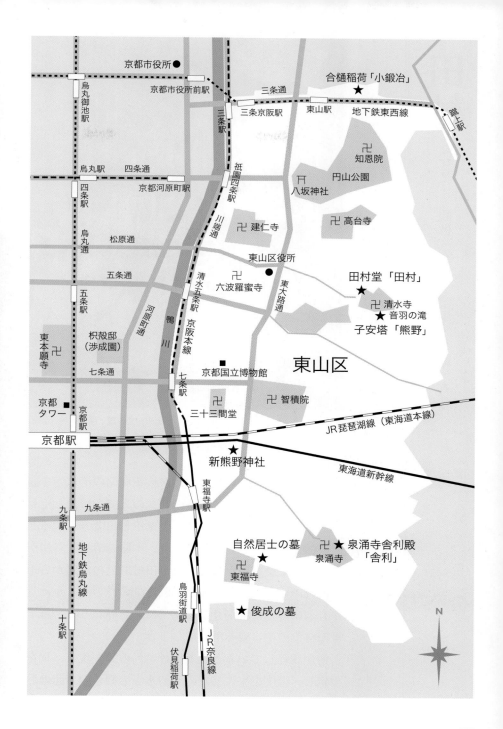

京都市役所●

烏丸御池駅

京都市役所前駅

三条通

合樋稲荷「小鍛冶」★

三条通

山駅

地下鉄東西線

蹴上駅

三条京阪駅

東山駅

烏丸駅

四条通

卍 知恩院

円山公園

四条駅

京都河原町駅

⛩ 八坂神社

高台寺 卍

京都三条駅

烏丸通

松原通

祇園四条駅

川端通

卍 建仁寺

東山区役所

五条通

東大路通

田村堂「田村」★

五条駅

清水五条駅

六波羅蜜寺 卍

卍 清水寺

★ 音羽の滝

子安塔「熊野」

東本願寺 卍

枳殻邸（渉成園）

京阪本線

東山区

河原町通

鴨川

七条通

京都国立博物館 ■

京都タワー ■

京都駅

七条駅

卍 智積院

京都駅

三十三間堂 卍

JR琵琶湖線（東海道本線）

京都駅

★ 新熊野神社

東海道新幹線

九条駅

九条通

東福寺駅

地下鉄烏丸線

自然居士の墓 ★

卍 泉涌寺舍利殿「舍利」★

泉涌寺

十条駅

鳥羽街道駅

卍 東福寺

★ 俊成の墓

伏見稲荷駅

JR奈良線

N

田村

[たむら]

観世・金春・宝生・金剛・喜多

坂上田村丸の霊／種田道一（金剛）

◆あらすじ

　東国から都へやって来た僧が桜花満開の清水寺を訪ねる。地主権現（じしゅごんげん）の桜は観音の慈悲の光で一層美しく見える。僧はそこで玉箒を持った童子と出会う。すると、童子は地主権現の花守（はなもり）と名のり、木陰を清める。僧が清水寺の来歴を尋ねると、坂上田村麻呂（さかのうえのたむらまろ）の創建から千手観音のいわれまでを聞かされる。いつの間にか、月が音羽山の上に上がり僧は童子に名を尋ねると、童子は田村堂の中に姿を消してしまう。

　僧が読経していると坂上田村麻呂の霊が現れ、世を平定し、天下泰平にしたのも清水寺の観音の慈悲のおかげと述べる。

◆この曲の舞台　清水寺田村堂

　清水寺へ行くには四つのルートがある。八坂神社円山公園から二年坂、三年坂を経て清水道へ。東山通清水道交差点から清水道をそのまま上がるコース。東山通五条坂交差点から五条坂を上がるコースと、五条坂の途中から清水焼の店舗が軒を並べる茶わん坂からのコース。いずれにしても観光客と修学旅行生で賑わっているが、桜の見頃になると一層の混雑だ。

　京都の桜の名所は数多いが、東山清水寺の桜は格別である。山桜、ソメイヨシノ、枝垂れ桜と音羽山が桜色に染まる。近年再建され、花守が愛した地主権現の桜も見事であるが、縁結びの神でもある。その前に立つ「恋占いの石」が人気である。

　花守は僧の問いに清水寺の縁起を話すが、そのいわれとは、昔、大和の賢心という僧が観世音の姿を拝もうと木津川を遡ると、金色の光がさし行叡居士という老人と出会い「檀那を立て、大伽藍を建立せよ」とのお告げであった。賢心は檀那を田村麻呂に依頼し、御堂を建てた。清水寺の栞によると賢心は「延鎮和尚」となっている。

　田村堂は「開山堂」とも呼ばれ田村麻呂の木像、行

■作者　不明
■能柄　二番目物
　　　　勇士物
　　　　大小物
■登場人物
前シテ　童子
後シテ　坂上田村丸（麻呂）の霊
ワキ　旅の僧
ワキツレ　従僧
アイ　清水寺門前の者

■「八島（屋島）」、「箙（えびら）」と共に「田村」は勝ち修羅三番の一つ。

坂上田村麻呂の墓

■清水寺　東山区清水
1丁目294
☎075-551-1234
・京都駅から市バス100・
206で清水道下車、また
は京都バス18で五条坂・
東山五条下車。

■坂上田村麻呂の墓
山科区勧修寺東栗栖野
町
・三条京阪前より京阪
バス17・88で栗栖野下
車。

叡居士、延鎮和尚の像、そして鈴鹿権現を祀っている。

現在の清水の舞台がある本堂は1633年（寛永10）徳川家光の再建で、堂内には十一面千手観音像を安置している。33年に1度の御本尊御開帳があり、「田村」の能が奉納されたこともある。

◆坂上田村麻呂の墓

田村麻呂の墓は、山科区栗栖野にある勧修小学校北側の坂上田村麿公園内にある。この地で葬儀が営まれ、嵯峨天皇の勅により甲冑、剣、弓矢を纏った姿で棺に納められ、平安京に向かって立ったまま葬られたという。墓は土を半円形に積み上げた大規模なもので周囲に石囲いがあり盛り土には大木が生えている。平安京へ向いて葬られたということで、今も平安京守護の役を担っているかのようである。

❖登場人物紹介❖

坂上田村麻呂（さかのうえの たむらまろ）　758〜811年（天平宝字2〜弘仁2）平安初期の武官。父は坂上苅田麻呂。正三位大納言。清水寺の草創者。娘春子は桓武天皇の後宮に上り葛井親王を産む。征夷大将軍に任命され陸奥に出兵した。810年（弘仁1）京都の薬子（くすこ）の乱に活躍し、右近衛大将となった。

稲荷明神の使い霊狐／種田道一（金剛）

◆あらすじ

　勅使の橘道成は天皇の命を受け、三条粟田口にある小鍛冶宗近のもとへ行き、天皇からの「剣を打て」との勅命を宗近に伝える。宗近はその剣を打つには自分に劣らない合槌の打ち手が必要と即答を避け、尻込みする。重ねて頼む道成に稲荷の明神に願かけてと宗近は製作を引き受ける。すると童子が宗近に声をかけ、中国の故事にある鍾馗の剣、日本武尊の草薙の剣の故事の威徳を語り、宗近を励まして稲荷山へ姿を消す。

　稲荷の明神の力を得た宗近に、槌を持った稲荷明神の使いの霊狐が走り寄り、宗近の打つ槌に合槌を打ち、剣を打ち上げ、その剣を小狐丸と命名して勅使に授けるのであった。

小鍛冶 [こかじ]

■作者　不明
■能柄　五番目物
　　　　霊験物
　　　　太鼓物
■登場人物
前シテ　童子
後シテ　稲荷明神の使い
　　　　霊狐
ワキ　　小鍛冶宗近
ワキツレ　勅使　橘道成
アイ　　末社の神・また
　　　　は宗近の下人

■舞台正先に一畳台に
注連縄を掛けた鍛冶壇
が置かれる。

三条小鍛冶宗近之古跡の石碑

合鎚稲荷大明神

■合槌稲荷社　東山区
三条通神宮道東入ル二
丁目中之町
・京都駅から市バス5・
100で神宮道下車。

◆この曲の舞台　合槌稲荷社

　合槌稲荷社は三条神宮道を東へ 100 m 程行った北側
にある。いくつも並ぶ赤い鳥居をくぐって行った突き
当たりの左に小さな朱塗りの社があり、脇には手桶が
あり小鍛冶水がある。

　三条通向かいには粟田神社の鳥居が見えるが、この
神社の境内には宗近の鍛冶場の跡と伝えられる、鍛冶
神社の小さな社がある。

　三条通をもう少し東へ、蹴上方面に歩くと南側の佛
光寺廟内に「三条小鍛冶宗近之古跡」の石碑がある。

❖登場人物紹介❖

三条宗近　生没年不詳。平安中期の名工、刀鍛冶。
さんじょうむねちか
987 ～ 989 年前後（永延年間）に京都三条に住ん
だと伝えられ、三条小鍛冶ともいう。現存在銘作の
ある刀工としては最古の一人とされている。
　三条の銘のある「三日月宗近」は、宗近の作とし
て日野大納言から高野山、秀吉の北政所から徳川将
軍家代々に伝わっている。
　国宝に指定されている「三日月宗近」は東京国立
博物館に所蔵されている。徳川美術館（名古屋市）
には宗近の銘がある短刀2振が所蔵されている。

熊野／観世喜之　朝顔／永島充（観世）

◆あらすじ

　平宗盛に仕える熊野は、長い間都住まいであった。ある日国もとの遠江池田の宿から従女の朝顔がやって来て母の病が思わしくないことを告げる。熊野は宗盛に母の文を見せて暇乞いをするが許されず、お供で東山へ花見に出掛けて行く。

　花見車に乗り都の風景を見ると、人々は美しく装い、華やかだ。しかし熊野の心は晴れない。長い道中、気になるのは母のことばかり、清水の観音様に母の無事を祈願する。東山に着くと酒宴が始まり、宗盛がひとさし舞をと所望し、熊野は「深き情を、人や知る」と仕方なく舞うのであった。するとにわかに村雨が降り

熊野［ゆや］

だし、花が散りかかるのを見て、母の病状を案じ涙ながらにその気持ちを歌にして短冊に記し宗盛に渡すと、「いかにせん都の春も惜しけれど、なれし東の花や散るらん」。宗盛は散る桜花のように熊野の母が逝ってしまうかもしれないと思い、心を動かされ、帰郷を許す。

◆この曲の舞台　清水寺子安塔

主君宗盛と供に花見に出掛けることになった熊野は母の病気が気にかかり、気が晴れない。そのような熊野の花見車に乗っての道筋はどこを辿ったのだろう。

当時宗盛邸は六波羅と八条高倉にあった。「鴨川の河原表を過ぎ」と謡曲にあるので、おそらく八条の公邸（現在の京都駅八条口東）から花見に出掛けたのではないかと考えられる。

河原表を過ぎ、「四条五条の橋の上」には春を装った人たちが色めき立っていると謡われるが、現在も川端通や鴨川の河川敷にはソメイヨシノと枝垂桜が華やかに咲き誇り、道行く人たちの目を楽しませている。車

経書堂

愛宕観音堂

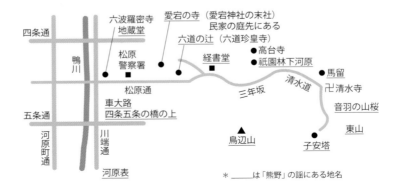

はそれから松原通を清水方面へ、六波羅蜜寺の「地蔵堂」、民家の庭先の社が「愛宕の寺」であった。「六道の辻」の石碑がある六道珍皇寺。東大路通を渡ると、ここからは清水道と名が変わり清水寺への参詣道。「経書堂」を左に拝み清水坂を上がり切ると清水寺。左には「駒の道」の石碑があり、清水の舞台の尾根沿いに

■作者　不詳［金春禅竹あるいは観世元雅ともいわれている］
■能柄　三番目物
　　　　現在鬘物
　　　　大小物
■登場人物
シテ　　熊野
ツレ　　朝顔
ワキ　　平宗盛
ワキツレ　従者

■清水寺子安塔　東山区清水１丁目
・京都駅から市バス100・106・110・206で清水道下車、または京都バス18で清水道下車。

■熊野と母の墓　熊野寺　静岡県磐田市池田

❖登場人物紹介❖

熊野　熊野寺の栞によると、15歳の時、平宗盛に仕える。東山観桜の席に供を命じられ、宗盛の慈悲で帰郷した。看病の甲斐あって母は全快したもののその後父重徳は病死し、３年後大切な母も病死してしまった。両親を失い、熊野は托鉢して十一面観音を信仰し、1198年（建久9）5月3日33歳で一生を終えたとある。

　また「熊野」は『平家物語』巻10「海道下」に基づいて作られた曲で、『平家物語』では、熊野は東海道池田宿の遊女の長者。宗盛に仕えたのは熊野の娘となっている。

　熊野は生前から藤の花を愛し堂側に植えて愛好していたという。熊野と母の墓地がある熊野寺（静岡県磐田市池田）には、その何代か後の藤が樹齢数百年の「熊野の長藤」として、天然記念物に指定されている。藤の花の見頃は４月下旬から５月上旬。

平宗盛　1147〜1185年（久安3〜文治1）平安時代後期の武将。平清盛の三男、母は平時子。1179年（治承3）重盛没後平家の総帥となり家督を継ぐ。木曾義仲に宇治、瀬田で敗れ、壇之浦で源義経に敗れ入水しようとしたが捕らえられ鎌倉に送られた。京都に送還の途中、近江国篠原で義経に討たれる。

「子安の塔」が遠望できる。道々は満開の桜、東山の山桜の景観で熊野の謡をイメージできるだろう。

　（「　」は謡の詞章に登場する場所）

熊野御前の墓と長藤

清水寺子安塔

足疾鬼／清水寛二　韋駄天／長山桂三（観世）

舎利 [しゃり]

観世・金春・宝生・金剛・喜多

◆あらすじ

　旅の僧が出雲国美保の関を出発し、都の泉涌寺の仏舎利を拝みにやって来る。寺の男に頼んで舎利塔を礼拝することができた。この仏舎利が韋駄天が取り返したという舎利塔かと尋ねると、感激の涙を流す。そこへ里人がやって来て舎利を拝み、釈迦の尊厳や霊鷲山、泉涌寺のことなどを語るうち、空が一天にわかにかき曇り、稲妻が走ると里人の形相は一転する。この舎利塔は昔足疾鬼が奪ったものだといって、舎利殿に飛びのり、舎利塔を奪い取って消える。

　泉涌寺を守護している韋駄天が走り込み、足疾鬼を逃すまいと立ち回り舞働になる。足疾鬼は力が尽き、韋駄天は舎利塔を取り返す。

舎利 ［しゃり］

■作者　不明

■能柄　五番目物
　　　　鬼物
　　　　太鼓物

■登場人物

前シテ　里人

後シテ　足疾鬼

ツレ（後）韋駄天

ワキ　　旅の僧

アイ　　能力

■舞台に一畳台が置かれ、その上には舎利塔が置かれる。そこは泉涌寺舎利殿である。

■泉涌寺　東山区泉涌寺山内町27
・京都駅から市バス208で東福寺・九条車庫行き泉涌寺道下車。

◆この曲の舞台　泉涌寺

　東山連峰の麓にある泉涌寺は、総門をくぐると下り坂の広い参道が続き、玉砂利を敷き詰めた広い境内には仏殿、舎利殿、本坊がゆったりと並んでいる。寺の草創は824〜834年（天長年間）に空海が開いた法輪寺が始まりで、後に月輪大師が帰朝して伽藍を完成したとき泉が湧き出し泉涌寺と改称した。

　1242年（仁治3）に四条天皇陵が造営されたのをきっかけに、天皇、皇后、皇族方の御寺となり、真言宗泉涌寺派の総本山となっている。

　釈迦の遺骨（舎利）はいくつにも分けられ、各地に舎利塔の建設をもたらした。釈迦が棺に納められるとき、釈迦の歯の骨（牙舎利）を足疾鬼が奪い、寺の守護神である韋駄天が取り戻したという伝説がある。

　1255年（建長7）泉涌寺二世湛海が入宋したとき、白蓮寺から釈迦の舎利を請来した。今も舎利塔を警護するのは小さな像の韋駄天様だ。

　境内には楊貴妃観音堂がある。唐の玄宗皇帝が楊貴妃の顔に似せて彫らせたと伝える楊貴妃観音像が安置されているが、これも湛海が宋から請来したものだ。

❖登場人物紹介❖

韋駄天 ⟨いだてん⟩　　僧や寺を護る足の速い神。

卒都婆小町

［そとばこまち］

観世・金春・宝生・金剛・喜多

小野小町／今井清隆（金剛）

◆あらすじ

高野山の僧が通りがかりに、朽ちた卒都婆に腰掛けている老婆を見て、尊い卒都婆に腰を下ろしてはいけない、立ち去りなさいという。老女と僧は仏経の問答を言い合うが、僧の方がやり込められ老婆を敬ってしまう。貧相な老婆ではあるが仏の道に堪能であるので名を尋ねると、小野小町の成れの果てと答える。絶世の美女といわれた小町であったが、今は白髪になり肌衰えて、汚れた身なりで破れ笠に杖をつき、路上をさすらい物乞いをしている。

すると突然、小町の様子が変わり「小町の所へ通おう」と叫び出し、「あなたこそ小町では」と僧に詰め寄

卒都婆小町 ［そとばこまち］

■作者　観阿弥
■能柄　四番目物
　　　　特殊物
　　　　大小物
■登場人物
シテ　　小野小町(老女)
ワキ　　旅の僧
ワキツレ　同行の僧

■随心院　山科区小野
御霊町35
☎075-571-0025
・京都駅から地下鉄東西
線小野駅下車。徒歩5
分。

卒都婆小町像（左）
と小町文張地蔵尊

る。百夜通いした深草少将の霊が小町に乗り移り、取りついてしまったのだ。

◆この曲の舞台　随心院

　山科区に小野の里がある。この辺りは小野氏の領地だったところで、852年（仁寿2）宮中仕えを辞した小野小町が、晩年住んでいたといわれる。

　能「卒都婆小町」は「阿倍野の松原」と謡の詞章にあるが、大阪は区画整理に伴い阿倍野に松原が存在しないので、あえて老女となった小町を随心院に見てほしい。

　平安前期の歌人である小野小町の姿は、十二単におすべらかしの長い髪の姿の絵画の印象が強い。その美貌に焦がれる貴族たちからの憧れの的であった。深草少将が百日間毎夜通い、99日目に悶絶してしまった説話は有名である。しかし、能「卒都婆小町」は小町がなんと100歳まで生き、老残の身となって、愛執と怨念に苦しむ世界を描写している。老婆の小町は「関寺小町」、「鸚鵡小町」などがある。この随心院に行くときは、十二単をまとった小町を頭に浮かべず、老婆となった小町の姿を想像して行かないと、がっかりする。

随心院小町塚

化粧井戸

　隨心院は 911 年（正暦 2）神泉苑で雨乞いの法を修
得した「雨僧正」仁海が創した。1229 年（寛喜 1）に門
跡寺院となって今に至っている。

　本堂には卒都婆小町像と小町文張地蔵尊が安置され
ている。なんと 100 歳の小町像で、多数の貴族から届
いた文を下張りにして作ったという老婆の小町像だ。
裏庭には小町が使ったといわれる小町化粧井戸、小町
塚、深草少将や貴族からの恋文を埋めた文塚もある。

文塚

╲◆╱ 登場人物紹介 ╲◆╱

小野小町　　「草紙洗」のページ参照。

深草少将　　「通小町」のページ参照。

京都―北区

上賀茂神社　立砂

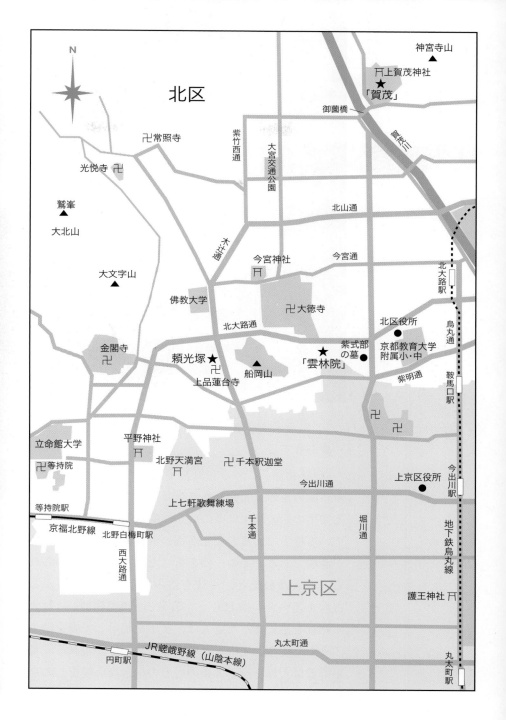

雲林院

[うんりんいん]

観世・宝生・金剛・喜多

在原業平の霊／三川淳雄（宝生）

◆あらすじ

　『伊勢物語』にある在原業平の秘めたる恋を愛読する芦屋の里の公光が、ある夜夢を見た。それは、業平と業平の恋の相手二条の后が桜咲く雲林院で愛を語っている様子である。公光が都の雲林院を訪ねると、桜が満開である。その一枝を折ったとき老人に咎められる。老人は公光と、一枝を盗み取る風情心からかと、古歌を述べ合い論じ合う。公光の『伊勢物語』に対する熱意を感じとった老人は、業平を暗示して姿を消す。

　うたた寝の公光のもとへ在原業平の霊が現れる。業平の霊は人目を忍ぶ二条の后との尽きない愛をしのび、舞の袖を翻すのであった。

雲林院

■作者　世阿弥作「雲
　　　　林院」の改作
■能柄　三・四番目物
　　　　美男物
　　　　太鼓物
■登場人物
前シテ　老人
後シテ　在原業平の霊
ワキ　　芦屋公光
ワキツレ　従者

■雲林院　北区紫野大
宮通北大路下ル雲林院
町
・京都駅から市バス
101・205・206で大徳
寺前下車。

◆この曲の舞台　紫野　雲林院

　紫野付近一帯は平安時代初めには広大な荒野で、雲林院は淳和天皇が離宮紫野院を造営したのに始まる。後に仁明天皇の御子の常康親王に伝え、僧正遍昭を招いて雲林院と称した。大伽藍であったが、後醍醐天皇の御代になって大徳寺発祥の地となった。古典文学『大鏡』や『源氏物語』『古今集』にもその名が登場する名刹である。

　歌に詠われた花の雲林院は、大徳寺通北大路下ル東側にあって、かつて広大な面積を擁した離宮の面影は今はない。東の堀川通には紫式部の墓がある。

═══❖登場人物紹介❖═══

在原業平（ありわらのなりひら）　825〜880年（天長2〜元慶4）平安初期の歌人。平城天皇の皇子阿保親王の5男。母は桓武天皇の皇女。藤原氏の権力に政治的に不遇であったが、和歌には人間の真実や愛の美しさが詠われ、『伊勢物語』の主人公とされている。

賀茂

[かも]

観世・金春・宝生・金剛・喜多

金春・金剛・喜多は「加茂」と記す

別雷の神／金春安明（金春）

◆あらすじ

播州にある室の明神の神職が、都の賀茂の明神と室の明神は一体だというので、都へやって来る。賀茂の境内を流れる御手洗川で手桶に水を汲もうとすると白木綿を掛けた壇に白羽の矢が立てられている。神職は不思議に思い、水を汲む女たちに尋ねると、昔この賀茂の里の女が朝夕神に手向ける水を汲んでいると、川上から一本の白羽の矢が流れてきて、その矢を軒先に挿し置いたところ身ごもり男子が誕生した。その子が３歳になったとき父の名を聞くと、白羽の矢を指差す。矢は空中高く舞い上がり別雷の神となり、母も御祖の神になったと、賀茂の社の縁起を語り、自分も神であるかのようにほのめかし、立ち去っていく。

賀茂御祖の神が現れ天女ノ舞を舞い、袖に川水を汲み取り見るうちに、別雷の神が現れ舞働_{まいばたらき}を舞い、五穀豊穣、国土安泰を祈って飛び去るのであった。

◆この曲の舞台　上賀茂神社（賀茂別雷神社）

上賀茂神社の栞によると、大和から山城国を守護した賀茂建角身命_{かもたけつぬみのみこと}の子である玉依姫命_{たまよりひめのみこと}が下鴨神社の祭神である賀茂御祖の神。その子が賀茂別雷大神（上賀茂神社祭神）である。賀茂別雷大神は、神代の昔に神山_{こうやま}に降臨し、天武天皇の御代に御鎮座になった。

嵯峨天皇は皇女の有智子_{うちこ}内親王を斎院とし、天皇の御杖代_{みつえしろ}として奉仕させ、斎院制度は約400年続いた。

一の鳥居をくぐると、広大な芝に白い玉砂利を敷き詰めた参道が真っ直ぐ二の鳥居へ案内してくれる。本殿の北北西に位置する円錐型の山が、別雷の神が降臨

■作者　金春禅竹か
■能柄　脇能物
　　　　荒神物
■登場人物
前シテ　里の女
後シテ　別雷の神
前ツレ　里の女
後ツレ　御祖の神
ワキ　室の明神の神職
ワキツレ　従者
アイ　賀茂の末社の神

■室の明神の神職を慰めるため、末社の神（アイ）が登場し三段ノ舞を舞う。替アイ「御田」は御田植え神事をまねる風流アイである。和泉流では「田植」の曲目で狂言曲目として演じている。

御田／大藏吉次郎（大藏）

97

賀茂 ［かも］

■上賀茂神社　北区上
賀茂本山339
☎075-781-0011
FAX075-702-6618
・京都駅から市バス9で
上賀茂御薗橋下車、また
は4で上賀茂神社前下
車。

したと伝えられる神山である。舞殿の脇には鋭い円錐
形をした「立砂」が二つある。これは御神体山の神山
をかたどったもので、鬼門、裏鬼門に砂を撒くのは、
この立砂の信仰が起源とされている。いわゆる「清め
砂」の起源である。舞殿の橋懸かりの下を流れる御手
洗川は御物忌川と舞殿の傍で合流し、百人一首に詠ま
れている「奈良の小川」となって境内を北から南に流
れていく。能で前シテと前ツレが手桶で水を汲む川で
ある。後ツレの御祖の神が、袖に川水を汲み取るのも
この川の水である。玉橋を渡り楼門をくぐると本殿、
賀茂別雷大神を祀る社で、わびさびの感じられる重厚
なたたずまいである。

上賀茂神社

上賀茂神社立砂

御手洗川

上賀茂神社

❖登場人物紹介❖

別雷の神
（わけいかずち）
上賀茂神社の祭神。御祖の神の子。

御祖の神
（み おや）
下鴨神社の祭神。別雷の神の母。

京都—右京区・西京区

愛宕神社鳥居

峰山 ▲

愛宕山 ▲

高山寺 卍

沢山 ▲

釈迦谷山 ▲

嵐山高雄
パークウェイ

平岡八幡宮 ⛩

金閣寺 卍

龍安寺

右京区

野宮神社「野宮」★

「経正」★　仁和寺 卍

嵯峨鳥居本

卍 大覚寺

京福北野線

北野白梅町駅

「百万」★

清凉寺

嵯峨嵐山駅

太秦駅

花園駅

円町駅

保津峡駅

天龍寺 卍 ★

嵐山駅

右京区役所 ●

JR嵯峨野線
（山陰本線）

嵯峨野
観光鉄道

「嵐山」★ ▲
嵐山

小督塚
「小督」

阪急嵐山駅

車僧御影堂
「車僧」★

京福嵐山線

松尾大社 ⛩

松尾駅

西院駅

阪急嵐山線

西芳寺 卍

上桂駅

阪急京都線

西京極駅

京都丹波道路

西京区

西京区役所 ●

桂駅

JR京都線
（東海道本線）

西大路駅

沓掛IC

山陰道

「西行桜」

勝持寺 卍 ★

洛西口駅

東向日駅

向日町駅

東海道新幹線

桂川

名神高速道路

西向日駅

N

101

平経正の霊／西村高夫（観世）

経正

[つねまさ]

観世・金春・宝生・金剛・喜多

金春・宝生・喜多は「経政」と記す

◆あらすじ

　平清盛が病死し、平家一門は落日の思いであった。出陣のいでたちをした美少年の武将平経正が、仁和寺(にんなじ)の門跡である守覚法親王(しゅかくほっしんのう)へ今生の別れを告げにやって来た。親王に寵愛され、戴いた琵琶の名器「青山」(せいざん)を戦乱で失うよりはと考えた経正は，琵琶を恩師に返すために訪れたのであった。行慶僧都(ぎょうけいそうず)が桂川まで見送ったが、それが経正の見納めとなった。

　行慶僧都が「青山」の琵琶を仏前に供え、管絃講を開いて一の谷の合戦で討死にした経正を弔っていると、琵琶の音を慕って経正の霊が現れ、懐かしい琵琶を手に取って奏で、舞っているうち突然修羅の苦しみが襲い、人目を恥じて灯火を吹き消し、姿も消えうせる。

◆この曲の舞台　仁和寺門跡

　仁和寺は御室御所と呼ばれた門跡寺院である。光孝天皇の遺志で宇多天皇が888年（仁和4）創建し、法皇になって御座所を置いたことから「御室御所」と呼ばれるようになった。

　現在の建物は応仁の乱で焼失した後、徳川家光が再建したものである。仁王門を入ると仁和寺の御殿が立ち並び、広い参道の向こうに中門がある。中門を入ると重厚なたたずまいの伽藍で、左手には名勝の「おむろ桜」が植えられている。

　仁和寺の北の丘には文政時代に設けられた「四国八十八か所巡り」のミニ版の「成就山八十八か所巡り」がある。

■作者　不明
■能柄　二番目物
　　　　公達物
　　　　大小物
■登場人物
シテ　　平経正の霊
ワキ　　行慶僧都

■『平家物語』巻七を題材としている。能「玄象（絃上）」にも琵琶の名器の物語がある。

仁和寺山門

経正 ［つねまさ］

　　経正の琵琶塚は神戸市兵庫区切戸町に平清盛の
像と並んで建っている。

仁和寺

■仁和寺　右京区御室
大内33
☎075-461-1155
・京福電鉄北野線で御室
駅下車。
京都駅から市バス26で
御室仁和寺下車。

❖登場人物紹介❖

たいらのつねまさ
平経正　　　？〜1184年（？〜元暦1）平安後期の武
　　　将・歌人。平経盛の子。幼い頃から仁和寺に仕え、
　　　和歌が堪能であった。一ノ谷の合戦で戦死。

しゅかくほっしんのう
守覚法親王　　1150〜1202年（久安6〜建仁2）
　　　鎌倉前期の真言宗の僧。後白河天皇の第2皇子。11
　　　歳で仁和寺に入り門跡となって喜多院御室という。
　　　和歌や文筆、書に優れていた。

ぎょうけいそうず
行慶僧都　　　1101〜1165年（康和3〜永万1）平
　　　安後期の天台宗の僧。白河天皇の子。出家して園城
　　　寺に住み大僧正となり、四天王寺別当も務めた。

百万／観世榮夫　百万の子／小野里静佳　（観世）

百万

[ひゃくまん]

観世・金春・宝生・金剛・喜多

◆あらすじ

　吉野から来た男が、奈良で男の子を拾って都嵯峨野の釈迦堂へとやって来る。折しも嵯峨釈迦堂は大念仏を催している。門前の男に何か見せてほしいと頼むと、女物狂いの話をする。百万は愛する子と生き別れになり、それがもとで物狂いとなり念仏踊りを見せては、見物に集まる子どもたちの中にわが子を捜し求めているのであった。

　男が念仏を唱えていると、手に笹を持った百万が現れ、下手だといい、門前の者を押し退け、自ら音頭を取って「南無阿弥陀仏」と唱え、舞う。子どもはそれが母親と気がつき、男に「母ではないかと尋ねてくだ

清凉寺

■作者　観阿弥原作・
　　　　世阿弥改作
■能柄　四番目物
　　　　狂女物
　　　　太鼓物
■登場人物
シテ　　百万
子方　　百万の子
ワキ　　男または僧
アイ　　門前の者

■嵯峨釈迦堂（清凉
寺）　右京区嵯峨釈迦
堂藤ノ木町46
☎075-861-0343
・京都駅から京都バス
72で、または市バス28
で嵯峨釈迦堂前下車。

さい」と頼む。百万はその子がわが子とわかり、釈迦
堂に両手を合わせ、めでたく母子がめぐり逢いわが子
の肩を抱き寄せる。

◆この曲の舞台　嵯峨釈迦堂（清凉寺）

　嵐山渡月橋から北へ歩くと清凉寺山門に着く。清凉
寺は「嵯峨釈迦堂」と呼ばれ源融の山荘があった所で、
源融の死後、阿弥陀堂を建てたのが起りである。本
尊の釈迦如来立像は東大寺の僧が約1000年前、宋（中
国）から持ち帰ったというもので、目には黒珠、耳に
は水晶を飾り、高さ160cmある国宝だ。毎月8日には
開帳されるので、お見逃しなく。百万もこの釈迦如来
に子どもとの再会を祈願した。

　その背景にある嵯峨の大念仏は狂言仕立で見ること
ができる。それは「嵯峨念仏狂言」と称して、毎年4

月に境内の狂言堂で催されている。境内はきれいに整備され、源融の墓をはじめ嵯峨天皇・檀林皇后宝塔、豊臣秀頼の首塚など見所が多い。清涼寺の裏にある墓地には、歌舞伎ファン必見の夕霧のかわいい墓標がある。

　山門の東には京都名物の有名な豆腐屋さんが、店を構えている。

◆百万の墓

　百万がわが子と生き別れになったのは奈良であった。おそらく百万親子は再会した後も肩を寄せ合い、奈良辺りに住んでいたものと考えられる。近鉄奈良駅から南へ三条通をJR奈良駅方面に行くと3筋目を右に、1筋目をまた右に行くと西照寺があり、この境内に百万の墓がある。この五輪の塔は、何気なく穏やかな雰囲気を持っている。奈良へ足を運んだときは寄ってみたい。

奈良にある百万の墓

❖登場人物紹介❖

百万 （ひゃくまん）	生没年不明。鎌倉時代の女芸人・曲舞（くせまい）の名手。

車僧

[くるまぞう]

観世・金春・宝生・金剛・喜多

天狗／金春穂高（金春）

◆あらすじ

　車僧が雪景色を見ようと牛車を駆って雪の嵯峨野にやって来る。すると遠くから「いかに車僧」と山伏姿をした愛宕山の天狗太郎坊が、呼び掛ける。山伏と車僧の問答が続く。と、山伏は愛宕山に住む天狗と名のり、一天にわかにかき曇り愛宕の山中に消えていく。

　溝越天狗が笑わせて魔道に引きずり込もうとするが、これも追われてしまう。すると、天狗が現れ、鞭で車僧の車を打って挑みかかるが、車僧の法力に恐れをなして雪の山中に消え失せる。

◆この曲の舞台　雪の嵯峨野　車僧御影堂

　車僧御影堂があると聞きつけ道幅が狭い路地奥まで、

太秦周辺を車で探し回ったが見つけることができず、結局行き着く先は右京区区役所へ。遠くから来た来訪者の願いを理解して、区役所の方が時間をかけて探してくれた。右京簡易裁判所を南へ、踏切りを渡って3筋目の角のたばこ店の裏と、親切に教えていただき、早速車僧御影堂へ向かった。車僧御影堂は畑の中に建っていた。蔵のようなたたずまいの御影堂の中には椅子に座った深山禅師の木像が安置されていた。堂脇の畑にある葱坊主がとても印象に残った。帰りにたばこ店でお話をうかがうと、「くるまんさん」と呼んで信仰し、毎年9月5日には御詠歌をささげているとのことだった。

■作者　不明
■能柄　五番目物
　　　　天狗物
　　　　太鼓物
■登場人物
前シテ　山伏姿の天狗
後シテ　天狗
ワキ　　車僧
アイ　　溝越天狗

■車僧御影堂　右京区太秦海正寺町
・京福電鉄嵐山線太秦駅下車。

車僧御影堂

===❖登場人物紹介❖===

車僧　　引く牛がいないのに動く不思議な牛車に乗って都を巡る奇僧。実在の人物をモデルとしているようだ。（区役所の方の話）

野宮

[ののみや]

観世・金春・宝生・金剛・喜多

六条御息所の霊／今井清隆（金剛）

◆あらすじ

京都嵯峨野、晩秋の野宮神社に、秋の風情を楽しもうと旅の僧が訪れる。そこへ若い里の女が通りかかり、榊葉を手向け野宮の昔話を聞かせてくれる。「野宮は伊勢神宮にお仕えする斎王が、伊勢へ行かれる前に身を清められた所です。そして、光源氏が六条御息所を訪ねたのも、この野宮なのです」、「つまり今日にあたる９月７日」と語り、昔をしのぶ。そして里の女は六条御息所と名のり、黒木の鳥居の中に消えていく。

夜が更けると御息所の霊が現れ、賀茂の祭の車の行列で都大路が賑わっていたとき、光源氏の正妻葵上と車争いになり押し退けられ侮辱を受けたことを物語り、

野宮神社

無念を抱き続ける妄執を晴らしてほしいと手を合わせる。しかし光源氏との愛のひとときを懐かしみ舞の袖を翻していた御息所は、黒木の鳥居の内外に出で入り、火宅の門を出たのかと昔を懐かしむ。

◆この曲の舞台　野宮神社

　嵯峨野に秋風が吹き立つと、辺りの山々は峰から裾野にかけ紅に染まっていく。昔から嵯峨野のこの光景は貴族たちに愛され、山荘が建てられた風雅なところであった。

　竹林に囲まれた野宮神社は歴史や文学のロマンが香り立ち、嵯峨野巡りへの起点となっている。二尊院、落柿舎、祇王寺、念仏寺と巡り、竹林の落ち葉を踏みしめての嵯峨野散策は格別である。

　野宮神社は平安時代に伊勢神宮へ仕える斎王の禊の場であった。天照大神や多くの神が祀られ、縁結びと学問の神様として若者に人気がある。

❖登場人物紹介❖

ろくじょうのみやすどころ
六条御息所　　「葵上」のページ参照。

■作者　不明
■能柄　三番目物
　　　　本鬘物
　　　　大小物
■登場人物
前シテ　里の女
後シテ　六条御息所の霊
ワキ　　旅の僧
アイ　　嵯峨野の里人

■舞台正先に黒木の鳥居と小柴垣が置かれる。能舞台正先に置かれる鳥居の作り物は『源氏物語』賢木の巻にも登場する黒木の鳥居で、櫟の自然木のように合成樹脂で作られている。小柴垣はクロモジの小枝なのでよい香りがする。

■野宮神社　右京区嵯峨野宮町1
☎075-871-1972
・京福電鉄嵐山駅下車。徒歩8分。
・京都駅から京都バス72で野の宮下車、または市バス28で野々宮下車。

嵐山
[あらしやま]

観世・金春・宝生・金剛・喜多

蔵王権現／金春安明　木守の神／金春初音　勝手の神／中村千紘（金春）

◆あらすじ

　帝からの勅命を受けた勅使が、嵐山へ桜の開花の下見に出掛けると、桜の木の周囲を掃き清める花守の老夫婦と出会う。勅使が尋ねると嵐山の桜は吉野の桜を移したため、御神木だという。老人は吉野の桜だから木（子）守の神と勝手の神が来ると答え、御神木の桜だから嵐の山にも咲く不思議を、神が示されたといい、木守・勝手の夫婦の神は私たちと告げて消え去る。

　日はいつしか暮れ、木守と勝手の神が現れ「御吉野の千本の花の種植ゑて　嵐山あらたなる神遊びぞめでたき」と朗詠して、相舞となる。やがて蔵王権現が現れ、国土安穏を誓って、嵐山の桜を愛で春を喜ぶのである。

◆この曲の舞台　嵐山

　嵐山は春は桜、秋は紅葉で名高い。中世以前は紅葉の名所であったが、後嵯峨天皇1220〜1272年（承久2〜文永9）が亀山に御所を造営した折、吉野の桜を嵐山に移植したのが桜の名所としての始まりである。桜の時期の京福嵐山駅は、花見の観光客であふれている。北山から流れる保津川が、桂川と名を変える渡月橋辺りは大堰川と呼ばれ、渡月橋の手前から見る嵐山は絶景で、山腹に点在する桜はうす紅色に嵐山を染めている。

　嵐山の支峰である岩田山蛇谷に蔵王堂があり、後嵯峨天皇が桜とともに吉野から勧請したと伝える蔵王権現をお祀りしてある。蔵王堂を訪ねようとしたが、山の周囲に金網を廻らしてあり、残念ながら入山することができない。

■作者　金春禅鳳
■能柄　脇能物
　　　　荒神物
　　　　太鼓物
■登場人物
前シテ　花守の老人
後シテ　蔵王権現
前ツレ　花守の姥
後ツレ　木（子）守の神
後ツレ　勝手の神
ワキ　　勅使
ワキツレ　従者
アイ　　末社の神　替アイは「猿聟」

嵐山

　岩田山自然遊園地には、野猿の餌付けをして 300 匹
ほどが集まっていた。人なれしていて、とてもかわい
い。

■蔵王権現の末社の神
が現れ、勅使の前で三
段ノ舞を舞う。替アイ
の場合は狂言方が大勢
登場して「猿聟」を演じ
る。「猿聟」では聟・舅・
太郎冠者・姫と立衆の
供といろいろの猿たち
が出て、キャーキャー
と猿語のセリフで酒宴
をする。

■嵐山　西京区嵐山
・嵐山へは京福電鉄嵐山
駅下車。
・嵐山公園へは京都駅か
ら京都バス77で嵐山下
車、72・73・76で嵐山
公園下車。または市バス
28で嵐山公園下車。

櫟谷宗像神社

源仲国／金春安明（金春）

小督
[こごう]

観世・金春・宝生・金剛・喜多

◆あらすじ

　高倉天皇の中宮徳子（平清盛の娘・後の建礼門院）は、天皇が愛した葵の前が世を去り、悲嘆するのを慰めるために、徳子自ら宮中で美女といわれている琴の名手、小督の局を招き入れた。帝の寵愛を受けたために、徳子の父清盛の怒りを受けた小督は、身の危険を感じ、宮中から身を隠してしまった。天皇の勅使は源仲国に嵯峨野辺りにあるらしい小督の隠れ家を訪ねるよう天皇の親書を渡す。仲国は「今宵は名月、小督はきっと琴を弾くにちがいない」と拝領した馬に乗り嵯峨野へ急ぐのであった。

　隠れ住む侘住まいで、秋の嵯峨野の澄んだ虫の音と

小督 [こごう]

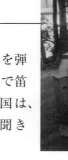

小督塚

■作者　不詳　金春禅
　　　　竹とも
■能柄　四番目物
　　　　侍物
　　　　大小物
■登場人物
シテ　　源仲国
ツレ　　小督局
トモ　　侍女
ワキ　　勅使
アイ　　隠れ家の主

■舞台には片折り戸と
柴垣が置かれている。

■『平家物語』巻6「小
督」が出典。

■嵯峨　小督塚　右京
区嵯峨天龍寺馬場町
・京福電鉄嵐山線嵐山駅
下車。
・京都駅から京都バス
72・73・76・77で嵐
山下車。

ともに、小督は琴を弾きはじめる。宮中で笛の相手をした仲国は、小督の琴の音を聞き知っている。

ついに小督の佗住まいを訪ねた仲国は、侍女に招かれ、天皇からの手紙を渡す。小督は涙を流し返事をしたためて渡し、名残りの酒宴に仲国は舞い、馬を駆って都へ急ぐのであった。

◆この曲の舞台　嵯峨　小督塚

小督が隠れ住んだ嵯峨野の佗住まいはどの辺りか定かではない。しかし、秋の夜長、月を眺め、虫の音を聞きながら琴を弾く風情は嵯峨野にうってつけで、一度はその風情を味わってみたいと誰しもが思うだろう。

渡月橋の北詰には「琴ひき橋跡」の碑があり、堤を少し上流に行き、右に入ると小督塚がある。観光地だけに小督塚を訪れる人も多く、塚には手向けの花や線香の煙が絶えない。

❖登場人物紹介❖

源仲国（みなもとのなかくに）　天皇の命を受けた笛の名手。『平家物語』は弾正大弼（だいひつ）とするが、未詳。国司などを歴任したことが知られる。

小督の局（こごうのつぼね）　生没年不詳。藤原成範・藤原通憲の娘ともいわれる。高倉天皇の寵愛を受けた。天皇は弾琴の秘曲「想夫恋」（そうふれん）によって小督を探し求め宮中に連れ戻した。範子内親王を産むが、清盛の激憤で無理やり出家させられ寺伝では清閑寺に送られたという。

老桜の精／松野恭憲（金剛）

◆あらすじ

西行は京都西山の庵で一人暮らしを楽しんでいた。庵の桜が今年も見事に咲き始め、花見客が大勢やって来ると歌心を乱される。庵の能力に、今年の花見は止めようと命じる。大勢の花見客が訪れ、許可が下りるまで座り込む。冬の西山の山里で孤独を味わった西行は人恋しかった。花見客にその心境を和歌に託した。「花見んと群れつつ人の来るのみぞ　あたら桜の咎にはありける」

桜の下で花見客が風情を楽しんでいると日が暮れかかり、月に映える桜が怪しく見える。すると、老木の桜の精が現れ、「桜の咎とは？」と不審がる。桜に咎は

西行桜 ［さいぎょうざくら］

■作者　世阿弥
■能柄　三番目物
　　　　老精物
　　　　太鼓物
■登場人物
シテ　　老桜の精
ワキ　　西行法師
ワキツレ　花見の人
アイ　　西行庵の能力

なく、わが心の持ち様と諭された西行は、桜の精の舞に都の花の名所を楽しむが、やがて桜の精は朝の光ともに消えていく。

◆この曲の舞台　小塩山勝持寺（花の寺）

　南春日町バス停から小塩山を眺めつつ歩くと、大原野神社の西の高台の勝持寺に 20 分ほどで着く。春になると境内には西行が植えた桜など 400 本以上の桜が豪華に咲き誇っている。まさに桜の「花の寺」と呼ばれるほど見事である。

　勝持寺は 680 年（天武 9）頃、天武天皇の時代に役行者が不動堂を建て、開基したと伝えられている。鳥羽上皇に仕えていた藤原魚名の末孫である佐藤左衛

勝持寺

西行桜

門尉康清の子、佐藤義清（のりきよ）が
この勝持寺で出家して「西
行」を名のったという。
1140年（保延6）であった。
西行にとって武士を捨て、
歌人・僧となった因縁の地である。

　能「西行桜」は西行が著した『山家集』の和歌をもと
にした作品である。

■勝持寺　西京区大原
野南春日町1194
☎075-331-0601
・河原町駅から阪急京都
線東向日駅下車し、阪急
バスに乗り換え南春日町
下車。

西行庵

❖登場人物紹介❖

西行（さいぎょう）　（俗名は藤原義清・憲清（のりきよ））1118〜1190年（元
永1〜建久1）平安後期の歌人。家は代々衛府にあ
たる武家で、後に鳥羽上皇に仕えた。1140年（保
延6）に出家して仏法と和歌の道に。没後編纂され
た『新古今集』に94首。歌集・著書に『山家集』『聞
書集』『西公談抄』がある。桜をこよなく愛し、「願
わくは」の歌のとおり、桜の花の下に命を全うした。

京都―北部

元伊勢内宮皇大神社

元伊勢内宮皇大神社

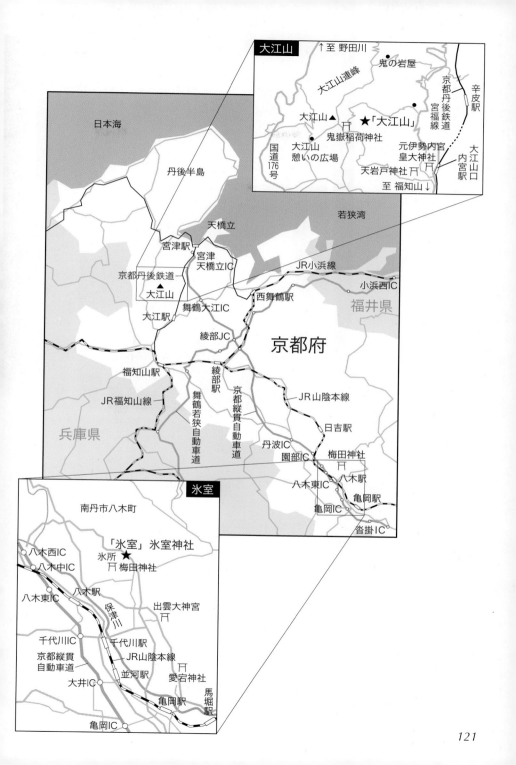

大江山

↑至 野田川

大江山連峰

鬼の岩屋

京都丹後鉄道宮福線

辛皮駅

大江山 ▲

★「大江山」

鬼嶽稲荷神社

大江山 憩いの広場

国道176号

元伊勢内宮皇大神社

天岩戸神社

大江山口内宮駅

至 福知山↓

日本海

丹後半島

天橋立

若狭湾

宮津駅

宮津天橋立IC

JR小浜線

小浜西IC

京都丹後鉄道

大江山

舞鶴大江IC

西舞鶴駅

福井県

大江駅

綾部JC

京都府

福知山駅

綾部駅

JR福知山線

舞鶴若狭自動車道

京都縦貫自動車道

JR山陰本線

兵庫県

日吉駅

丹波IC

園部IC

梅田神社

八木駅

八木東IC

亀岡駅

亀岡IC

沓掛IC

氷室

南丹市八木町

「氷室」氷室神社

氷所

八木西IC

八木中IC

梅田神社

八木駅

出雲大神宮

八木東IC

保津川

千代川IC

千代川駅

JR山陰本線

京都縦貫自動車道

並河駅

愛宕神社

大井IC

亀岡駅

馬堀駅

亀岡IC

氷室

[ひむろ]

観世・金春・宝生・金剛・喜多

氷室の神／當山興道（宝生）

◆あらすじ

　丹波国九世戸（くせのと）に参詣した亀山院の臣下が、氷室山に立ち寄ると、雪を集めている老若二人の氷室守と出会う。臣下が尋ねると氷室の起源を話す。今宵、氷の献上品を供える祭があるから、見てほしいといい氷室に姿を消す。

　氷室の神職が出てきて、雪乞いや雪丸めをして臣下を慰める。

　夜になると天女が現れ天女ノ舞を舞う。氷室の山から氷室明神が氷を持って現れ、勇壮な舞働（まいばたらき）を見せ、寒水を注ぎ清風を吹かし、氷を保つ。臣下はこの守護を受けて、都に届けるのである。

氷室神社

■作者　宮増
■能柄　脇能物
　　　　荒神物
　　　　太鼓物
■登場人物
前シテ　尉
後シテ　氷室の神
前ツレ　男
後ツレ　天女
ワキ　　臣下
ワキツレ　従者
アイ　　末社・社人

氷室神社鳥居

奈良公園内の氷室神社

氷室 ［ひむろ］

◆この曲の舞台　氷室神社

氷室は冬にできた氷を夏まで蓄えておく室のこと。

「氷室」の地名は京都市北区西賀茂氷室町や京都市左京区上高野（西・東）氷室町など京都府内だけでもたくさん残っている。そして奈良公園内には氷室神社（奈良市春日町）がある。

「氷室」を古語辞典で引いてみると、宮廷に献上する氷室が山城（京都府）・大和（奈良県）・丹波（京都府・兵庫県の一部）などにあって４月１日〜９月30日の期間に氷が宮廷に献上されたとある。

能に登場する亀山院に仕える臣下は、丹波九世戸の文殊菩薩に参詣した帰りに氷室神社に立ち寄っている。文殊菩薩があるのは現在の天橋立の南（宮津市）であり、そこから国道27号線を経て９号線を南下すると八木町に入る。能「氷室」の舞台となっているのは南丹市八木町氷所にある幡日佐・氷室両神社でまちがいないと思う。

氷室神社は氷所の集落の北側の田圃の山裾に鎮座している。かなりの古刹で風格のある社である。祭神は氷室命と品陀和気命。宮廷に氷を献上したことにちなみ毎年７月１日「氷一日」に祭礼が執り行われている。

京都御所に献上された氷は、どこに納められていたのだろう。宮内庁京都事務所によると、仙洞御所内に「お冷やし」といわれる氷室があるということだ。

■氷室神社（幡日佐・氷室両神社）　南丹市八木町氷所中谷山11-73
・京都駅からJR山陰本線八木駅下車。保津川を渡り北へ４km行った氷所集落。

酒呑童子／松野恭憲（金剛）

◆あらすじ

　勅命を受けた源頼光は、丹波の大江山の鬼神酒呑
童子を退治するため、山伏姿に身をやつし、頼光一行
は大江山に分け入る。酒呑童子に捕われていた女と途
中で出会い、その女の手引きで酒呑童子の館に案内さ
れる。出家には決して手出しをしないという契約を伝
教大師と結ばされている酒呑童子は、少年の姿で出迎
え、一行に隠れ家を知られたことを嘆き悲しみ、比叡
山から追われた経緯を隠さず話す。酒宴で山伏一行を
歓待し、山伏の勧める酒に酔った酒呑童子は寝所に入
る。

大江山 ［おおえやま］

■作者　不明
■能柄　五番目物
　　　　鬼退治物
　　　　太鼓物
■登場人物
シテ　　酒呑童子
ワキ　　源頼光
ワキツレ　随行の郎等
アイ　　強力
アイ　　捕らえられてい
　　　　た女

頼光一行は武装を整え、酒呑童子の寝入ったところに攻め込む。酒呑童子は好意を裏切った山伏一行に鬼の形相で立ち向かうが、遂に退治されてしまう。

◆この曲の舞台　大江山

鬼の伝説は各地にあるが、大江山の鬼退治伝説は有名である。この鬼退治伝説はいつ頃からあったのか。『大江町史料編』によると、大江山酒呑童子由来の項目中に、大江町字鬼茶屋の藤原家に「版木」が伝わっていて、その版木は京都府京丹後市大宮町谷内にある岩屋寺に所蔵されていた「大江山鬼退治絵巻」の詞書を写したものと書き込まれている。末尾に「桝屋宇右衛門　願により此の由来うつし遣す也　弘化二年巳五月　黙知軒光研」とある。弘化2年といえば江戸末期でさほど古いものではない。

鬼の足跡

源頼光の腰掛岩

大江山には酒呑童子鬼神伝説の地がある。鬼の足跡、頼光の腰掛岩、つり橋の新童子橋から眺める二瀬川渓流は、紅葉の絶景ポイント。大江山の８合目にある鬼嶽稲荷神社からは雲海が広がり、肝臓に効果があるという御札がある。酒呑童子の里には鬼の交流博物館、大江駅前には全国の鬼瓦制作者の作品を一堂に集めた鬼瓦公園がある。

毎年10月最終日曜日には大江山酒呑童子祭が大江山麓で催される。大江山の南麓には天岩戸神社（元伊勢奥宮）、元伊勢内宮皇大神社と元伊勢外宮豊受大神社の三社がある。天照大神が最終的に三重の伊勢に鎮座するまでに各地を転々とし、鎮座地を変えた旧跡の一つであるという伝承があり、「元伊勢」三社と呼ばれる。

京都市北区千本十二坊の上品蓮台寺にある頼光塚

■大江山　福知山市大江町
問い合せ先　福知山観光協会　☎0773-22-2228
・大江山へはJR福知山駅から北近畿タンゴ鉄道宮福線大江山口内宮駅下車。鬼瓦公園は大江駅下車。鬼嶽稲荷神社へは大江駅から町営バスで大江山の家下車、５km。

❖ 登場人物紹介 ❖

みなもとのよりみつ
源頼光（らいこう）　　988 ～ 1021 年（天暦２～治安１）平安中期の武将・歌人。父は源満仲。母は源俊の娘。美濃、伊予、摂津などの国守を務め、その財力で藤原道長に奉仕した。

宇治川

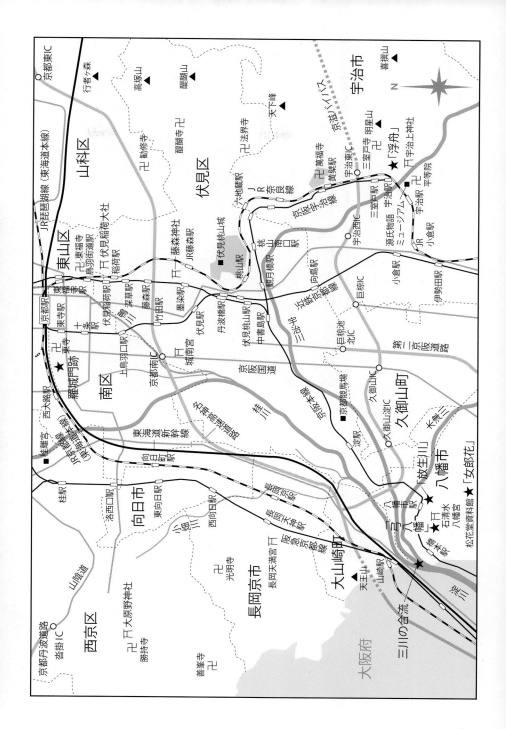

129

金札

[きんさつ]

観世・金春・宝生・金剛・喜多

天津太玉の神／梅若万三郎（観世）

◆あらすじ

桓武天皇が平安遷都の時節、伏見に大宮造営の勅命を下した。勅使が伏見の里に下見にやって来ると一人の老人と出会う。勅使から社殿造営の話を聞いた老人が、木尽くしの歌を詠っていると金札が天から降ってくる。勅使が見ると金札には「伊勢大神宮の流れを絶やさぬため、天津太玉神を祀るように」との御神託が金文字で書かれていた。老人は伏見のいわれを語り、自分は伊勢大神宮の天津太玉の神と明かし、消えていく。

勅使が神のお告げを待っていると天津太玉神が現れ、弓矢をもって悪魔を降伏させ、御代の守護を示して、天下太平を讃える。

◆この曲の舞台　金札宮

　桓武天皇の御代794年（延暦13）に、平安京に遷都したことが背景となる物語である。近鉄と京阪の丹波橋駅で下りると商店が立ち並ぶ。駅から西に歩くと伏見中学校。その手前の交差点を左へ行くと金札宮（きんさつぐう）がある。桓武天皇の勅使も、今では伏見の里がこのような町中になっているとは思いもよらないであろう。

　金札宮の向かいにある松林院墓地には寺田屋お登勢の墓がある。松林院から南に歩くと水路の脇に坂本龍馬ゆかりの寺田屋があり、大阪と伏見を結ぶ三十石船の船宿だったところだ。

　伏見の水と、京の風土と、地の利の良さで伏見では、古くから酒造りがされ、酒蔵が多く立ち並んでいる。酒蔵を改造して、蔵出しの搾りたての原酒を飲ませてくれる店もある。

　近鉄桃山御陵前駅近くの御香宮神社の湧き水は、日本名水100選に名を連ねている。

■作者　　観阿弥
■能柄　　脇能物
　　　　　荒神物
　　　　　太鼓物
■登場人物
前シテ　　老人
後シテ　　天津太玉神
ワキ　　　勅使
ワキツレ　随行の朝臣
アイ　　　里の男

■金札宮　伏見区鷹匠町
・京阪線・近鉄京都線、丹波橋駅下車。

金札宮

頼政

[よりまさ]

観世・金春・宝生・金剛・喜多

源頼政の霊／観世恭秀（観世）

◆あらすじ

　旅の僧が奈良に行く途中、宇治の美しい風景を眺めていると、老人が現れ僧に声をかける。老人は僧に宇治の名所を教え、宇治平等院に僧を案内すると扇の形の芝の前で立ち止まる。僧が問うと老人は、頼政が平家に敗れ扇を敷いて自害した所で「扇の芝」と呼ばれていると説明し、それが、ちょうど今月の今日だ、自分は頼政であると名のり消えるのである。

　日が暮れると法体に甲冑を纏った頼政の霊が現れ、宇治橋合戦の様子を語る。平家に敗れた頼政の軍は平等院に陣取り、宇治川を挟んで追手と交戦したが敗退し、辞世の歌を詠み自害して果てたと語る。

132

◆この曲の舞台　宇治川　平等院

■作者　世阿弥
■能柄　二番目物
　　　　老武者物
　　　　大小物
■登場人物
前シテ　里の老人
後シテ　源頼政の霊
ワキ　　旅の僧
アイ　　里の男

　平清盛が権力を誇示していた頃、俊寛僧都が鬼界ヶ島に流された。後白河法皇は幽閉され、「平家にあらずんば人にあらず」の時代であった。都の民衆の多くは平家の権力に不満を抱いていた。源頼光の血筋を引く頼政は、宮中に昇殿を許され、晩年に三位になり静かな老後を約束されていた。しかし平家の横暴に耐えかねて頼政は奮起し、後白河法皇の第2子である以仁王（高倉宮）と謀り、平家追討の令を全国に発令したのである。これが源平合戦の火蓋となった。

　『平家物語』巻4「橋合戦・宮御最期」によると、高倉宮は三井寺に入り平家討伐を決意し、源三位入道頼政を大将軍に立て、平家の牙城六波羅へ奇襲を掛けようとしたが、評定に手間取り南都へ向かった。高倉宮は三井寺から宇治に向かう途中六度も落馬し、平等院で休息をとっている間に、平家の知盛・重衡・忠度らの軍勢は宇治橋のたもとに押し寄せてきた。高倉宮方は宇治橋の橋板を外して寄せくる軍勢を阻止しようとしたが、川を挟んだ合戦に下野国の若武者足利又太郎忠綱は、水かさが増した宇治川の激流へ馬を乗り入れ、300余騎の軍勢はそれに続き対岸に渡った。その勢いに頼政軍は敗れ、頼政は軍扇を開き、

　「埋木の花咲くこともなかりしに　みのなるはてぞ哀しかりける」

　と辞世の歌を詠んで割腹した。高倉宮はその騒動のなか南都へ落ちのびようとしたが、光明山の鳥居の前で飛騨守景家に討たれた。

　時は1180年（治承4）5月、頼政75歳であった。

頼政 [よりまさ]

■平等院　宇治市宇治
蓮華116
☎0774-21-2861
・京都駅からJR奈良線
宇治駅下車。
・三条京阪から京阪急行
中書島駅乗り換え、京阪
宇治線で京阪宇治駅下
車。

　5月に筆者が行ってみると、宇治橋から宇治川を見
下ろすと水量の多さと急な流れに驚かされた。鮎釣り
をする人にしても、この水量と急な流れと水深に立ち
入ることは難しいと思われた。まして馬に乗って渡っ
た武将は凄腕である。宇治橋の東詰に狂言「通円」で
お馴染みの宇治の名茶を扱った「通圓茶屋」があるの
で寄ってみたい。

　平等院は藤原道長の別荘であったが、その子頼通の
時代、寺院に改められた。優雅な建築美を誇る鳳凰堂
（阿弥陀堂）は10円玉のデザインにとり入れられてお
り有名だ。池泉の庭園には樹齢200年の藤が植えられ
ている。平安時代の貴族が想い描いた極楽浄土の雰囲

扇の芝

平等院にある頼政の墓

気が今に伝わり、世界遺産に登録されている。平等院の赤門を入ると左手に観音堂があり、そのわきに三角形をした「扇の芝」がある。75歳の頼政が腹をかき切った所である。

　勝った平家軍はその後興福寺、東大寺を焼き払った。源氏は全国的に挙兵して、1181年（養和1）の清盛の死後、平家は壇之浦で滅亡する（1185年・文治1）。

◆頼政の首塚・墓

　頼政の本物？の（あるいは一番それらしい）墓は平等院にあるが、ほかにも墓と伝えられているものがある。たとえば、亀岡市の西つつじヶ丘には「頼政首塚」がある。これは頼政の家臣が首を持って逃れ、この地に葬ったと説明板に書かれている。

　また、静岡県沼津市西浦にある禅長寺の裏山にも「頼政の墓」がある。（禅長寺　沼津市西浦河内　☎ 055-942-2371）

==❖登場人物紹介❖==

源三位入道頼政（げんざんみにゅうどうよりまさ）　1104 〜 1180 年（長治1〜治承4）平安後期の武将。歌人としては藤原俊成に「いみじき上手」と評された。

浮舟

[うきふね]

観世・金春・(宝生)・金剛・(喜多)

浮舟の君の霊／櫻間金記（金春）

◆あらすじ

　僧が大和国初瀬から都へ向かう途中、宇治に立ち寄ると、川辺で柴積み舟に乗った里の女と出会う。僧が尋ねると、かつて宇治に住んでいた浮舟のことを話し始める。浮舟は、薫中将（光源氏の子）と匂宮（朱雀院の子）の二人に愛され、あれこれと思い悩み姿を消したことを話す。自分は小野の里に住むゆえ、都へ行ったら訪ねてほしいといって消え去る。

　僧が小野の里に行って弔っていると、浮舟の霊が現れ、物の怪に取りつかれ、家を出て宇治川の辺りで正気を失ったこと、そして、横川の僧都に見つけられたことなどを語り消え去る。

◆この曲の舞台　宇治三室戸寺　浮舟の旧跡

　宇治市では『源氏物語』の「宇治十帖」散策の道をつくって観光に力を入れている。歴史ロマンに出会える１日コースである。スタート地点は宇治橋東詰の「東屋」。「椎本」、「手習」、三室戸寺境内にある「浮舟」の旧跡へと歩いて行く。この浮舟の旧跡とされる建物は、かつて奈良街道沿いに水上交通の守護神を祀る波戸の浮舟社として祀られていたが江戸時代に廃社となり、現在ではこの三室戸寺に祀られている。三室戸寺は山あいの杉木立ちに覆われた参道を歩くと、厳かに建っている。

　浮舟は情熱的な匂宮に次第に引かれていく。薫は匂宮との関係を知った後も一層浮舟に優しくするので、心の動揺が深まり遂に死を決意する。「たちばなの小島は色もかはらじを　この浮舟ぞゆくへ知られぬ」。

　ここならば浮舟の霊も安らかに居られるだろうと思わされる。西国観音霊場十番の札所でもあり、参詣者も多く、藤原期の御像を拝観でき、枯山水と池泉庭園が美しい。

　はかない浮舟の姿を映した「蜻蛉」、「総角」と続き、「早蕨」では亡き大君の面影を認める薫を、中君は歌に託し「この春はたれにか見せむ亡き人の　かたみにつめる峰の早蕨」と詠う。

　「宇治十帖」の舞台散策は、宇治川に戻って朝霧橋を渡り川の中州宇治公園から「宿木」へ、宇治川の川辺の自然が満喫できる。「宿木」からＵターンして平等院の川沿いを「橋姫」へ。橋姫神社には橋姫の古跡があり縁切りの神として名高い。ゴールは「夢浮橋」。

■作者　横尾元久作詞
　　　　世阿弥作曲
■能柄　四番目物
　　　　執心女物
　　　　大小物
■登場人物
前シテ　里の女
後シテ　浮舟の君の霊
ワキ　　旅の僧
アイ　　里の男

■典拠は『源氏物語』
「宇治十帖」

■三室戸寺　宇治市菟道滋賀谷21
☎0774-21-2067
・京阪宇治線で三室戸駅下車、徒歩15分。
・JR奈良線で宇治駅下車、バス８分。

■「宇治十帖」散策路問い合せ先　宇治市文化商工観光課
☎0774-20-8724
宇治市観光センター
☎0774-23-3334
・宇治へは京都駅からJR奈良線宇治駅下車。
・京阪三条駅から京阪急行中書島駅乗り換え、京阪宇治線で京阪宇治駅下車。

宇治橋

浮舟の旧跡

薫は浮舟の弟小君を伴い浮舟を助けた小野の里の僧都のところへ行く。しかし、浮舟との再会の喜びは一転し、出家したことに驚くのであった。「宇治十帖」散策路は紫式部の『源氏物語』最終章の世界を満喫できる道である。（宇治市観光資料より）

◆❖登場人物紹介◆❖

浮舟
うきふね
『源氏物語』の登場人物。

老翁／本間英孝（宝生）

放生川
[ほうじょうがわ]

観世・金春・宝生・金剛・（喜多）

◆あらすじ

　賀茂祭を「北祭」と呼ぶのに対し、石清水の祭を「南祭」という習わしがあり、どちらも勅使を立てた祭であった。都の社寺を巡り歩いていた鹿島の神職が男山石清水八幡宮の南祭の御神事に詣でると、生きた魚を水桶に入れて持った老翁と男の二人と出会う。鹿島の神職はこのけがれを忌む日にと、不思議に思い尋ねると、今日は放生会で水桶の生きた魚を放生川へ放つ祭だと話す。老翁は石清水八幡の放生会のいわれを語り、水桶を川に沈め魚を放流して、石清水八幡の神の神徳を讃え、自分は200歳の齢を経た武内の神とほのめかし、男山に消え去る。

放生川 [ほうじょうがわ]

■作者　世阿弥
■能柄　脇能物
　　　　老神物
　　　　太鼓物
■登場人物
前シテ　老翁
後シテ　武内の神
ツレ　　男
ワキ　　鹿島の神職
ワキツレ　従者
アイ　　所の者

■石清水八幡宮　八幡
市八幡高坊30
☎075-981-3001
FAX075-981-9808
・三条京阪駅から京阪電
車で京阪八幡市駅下車。
男山ケーブルで男山山上
駅下車。

■八幡市駅前観光案内
所
☎／FAX075-981-
1141

いつの間にか日が暮れ男山に月光がかかると、武内の神が神職の前に現れ、厳かな舞（真ノ序ノ舞）を舞って、四季の和歌を詠い、和歌の徳を讃えるのであった。

◆この曲の舞台　男山石清水八幡宮　放生川

「放生川」の謡曲中の詞章では、720年（養老4）9月、九州を異国が襲ったとき、元正天皇が宇佐八幡に祈願して異国を討ち、その戦没者を弔うため放生の祈願をしたのが放生会の発祥と、老翁が説明している。

が、宇佐八幡では720年（養老4）の九州隼人征伐の滅罪のための放生会を行うようになったといい、石清水八幡宮は宇佐八幡を勧請したものなので、863年（貞観5）から毎年宇佐八幡に倣って放生会を行っている。

この放生会は現在石清水祭の行事の一環として、毎年9月15日放生川へ生きた魚や鳥を放つ神事が行われる。（男山石清水八幡宮は「弓八幡」のページ参照）武内の神は境内の摂社・武内社である。

放生川

小野頼風の霊／前田尚廣（宝生）

◆あらすじ

　九州松浦潟の僧が都見物に上る途中、石清水八幡宮
へ参詣しようと男山の麓に来ると女郎花が黄色い花を
つけている。僧が１本の花を折ろうとすると、遠くか
ら花守の老翁に「なぜ情けなく手折るのか」と止めら
れる。「花は仏に手向けようと思い……」と僧は弁明し、
男山の女郎花の古歌を問答するが、老翁は僧に女郎花
と男山のいわれを話し、女郎花のゆかりの男塚と女塚
へ案内すると、自分はこの墓の主小野頼風といって、
弔いを頼み消えるのであった。

　僧が弔っていると頼風夫婦の霊が現れ、ちょっとし
た誤解で頼風が心変わりしたと思い込み、放生川に身

女郎花 ［おみなめし］

■作者　不明
■能柄　四番目物
　　　　執心男物
　　　　太鼓物
■登場人物
前シテ　老翁
後シテ　小野頼風の霊
ツレ（後）頼風の妻の霊
ワキ　　旅の僧
アイ　　所の者

■『古今和歌集』序に
旧跡の故事を織り込ん
だ作。

を投げた妻と、妻の哀れな女心を察して、頼風も妻を追って放生川に没したことを語る。生前の夫婦の愛や、地獄の責め苦にあう姿を示し、頼風の霊は僧に回向を頼み合掌するのであった。

◆この曲の舞台　松花堂旧跡女郎花塚・頼風塚

　能「女郎花」は前場で秋の七草オミナエシの花の風情を情緒豊かに展開し、後場（のちば）では恋の妄執・地獄の責めを表しながらそれほど陰惨には感じない曲である。詞章の中に僧正遍昭の「名に愛でて折れるばかりぞ女郎花……」と詠った名歌が入っている。

　京阪八幡市駅を降りると男山ケーブルが男山山上駅へ案内してくれる。八幡造りの荘厳な石清水八幡を参

頼風塚

女郎花塚・女塚

詣して、展望台から桂川、宇治川、木津川の３川が合流し一つになる淀川が見え景色は抜群である。参道を下って放生川に架かる安居橋周辺は、八幡八景の一つになっている。そこから南へ1kmばかり歩くと八幡市図書館の西、和菓子の老舗裏に「男塚」と呼ばれる小野頼風の墓所がある。男塚からバスを利用してもいいが、南に1.5km行くと史跡松花堂庭園がある。園内には「女塚」と呼ばれる女郎花塚があり、初秋に筆者が訪ねたときはオミナエシの黄色い花が可憐に咲いていた。

　この松花堂庭園は真言密教を学んだ松花堂昭乗が晩年建てたもので、外園には珍しい品種の竹、椿や四季折々の風情が楽しめる。内園には茶室の草庵「松花堂」をはじめ三つの庭園茶室が枯れ山水の築山に取り囲まれている。ちなみに松花堂弁当は当園が発祥の地と聞いている。

■小野頼風墓所・男塚
八幡市八幡和菓子店裏

■女郎花塚・女塚
八幡市八幡女郎花79
松花堂庭園内松花堂庭園管理事務所
☎075-981-0010
FAX075-981-0009
・京阪電車八幡市駅から、くずは行バスで大芝・松花堂前下車。または、くずは駅から京阪八幡行バスで、大芝・松花堂前下車。

弓八幡

[ゆみやわた]

観世・金春・宝生・金剛・喜多

高良の神の霊／大坪喜美雄（宝生）

◆あらすじ

　後宇多院の廷臣が勅命を受け石清水八幡宮へ勅使として初卯の神事に参詣する。すると弓袋を持った老翁が里の男を連れて現れる。老翁は今は太平の世なので武器を袋に納め、帝へ献上するという。石清水八幡に祀られている応神天皇の故事や石清水八幡宮の縁起を語り、自分はこの石清水八幡の末社の高良の神といい、消えるのであった。

　やがて石清水の末社の高良の神が現れ、神舞を舞い、石清水八幡宮の神の神徳を讃える。

◆この曲の舞台　男山石清水八幡宮

　男山に鎮座する石清水八幡宮は多くの謡曲に謡われている。

　男山は古くから都と西国を結ぶ交通の要所となっていた。京都から流れる桂川、滋賀県の琵琶湖からの瀬田川（途中名を変え宇治川）、奈良から流れる木津川の三つの川が合流して淀川と名を変えて大阪湾に流れ込む。その合流地点が男山である。大阪から淀川を遡る、京都、宇治、奈良への昔からの重要な水路となっていた。川に沿って陸路の街道もある。

　石清水八幡宮の草創は、奈良大安寺の僧行教が九州の宇佐八幡を勧請した860年（貞観2）である。祭神の応神天皇は5世紀前後の第15代天皇で、後世全国の八幡宮の祭神となった。応神天皇の母堂である神功皇后が祀られている。初卯祭とは初卯参りのことで、年始の最初の卯の日に社寺に参詣して神符を受け、髪に挿して帰る習慣がある。

　高良の神は、境内にある摂社・高良社である。

■作者　世阿弥
■能柄　脇能物
　　　　男神物
　　　　太鼓物
■登場人物
前シテ　老翁
後シテ　高良の神の霊
ツレ　　里の男
ワキ　　後宇多院の廷臣
ワキツレ　従者
アイ　　末社の神

■石清水八幡宮　八幡
市八幡高坊30
☎075-981-3001
・三条京阪から京阪電車
で京阪八幡市駅下車。男
山ケーブルで男山山上駅
下車。

石清水八幡宮

145

千手前／梅若万三郎（観世）

千手
[せんじゅ]

観世・金春・宝生・金剛・喜多

喜多は「千寿」と記す

◆あらすじ

　源平、一ノ谷の合戦で敗れ捕虜となった平重衡は平家滅亡後鎌倉へ護送され、工藤狩野介宗茂に預けられた。源頼朝はいたわしく思い、重衡の許へ手越の宿の長の娘、千手を遣わす。

　雨の夜、雨音とともに今日も千手が訪ねて来た。頼朝からの仰せで琵琶と琴を携えて重衡の前に出る。と、重衡は出家の意志があることをほのめかし、酒宴が始まる。千手は琵琶、重衡は琴を演奏して互いに朗詠する。すると重衡は平家一門の運命や捕らえられたことを話す。千手は涙を添えて舞の袖を翻し、その時重衡も興にのり、琵琶を引き寄せ弾じ、玉琴の緒合わせ、

「峰の松風通い来にけり、琴を枕の、短夜のうたた寝、夢も程なく、東雲もほのほのと、明けわたる空の」と能としては、艶やかな表現で二人が夜を明かしたことを謡い上げる。

勅命によって重衡は、都に送り返されることとなり、二人は別れを惜しむのであった。

◆この曲の舞台　木津　安福寺

能「千手」の詞章には重衡が鎌倉へ護送される道中が謡われている。それによると「三河、遠江そして足柄箱根をうちすぎて鎌倉山に入りしかば」とある。鎌倉近くに到着し、頼朝の判断を待っていたと思われる。しかし頼朝とは接見できず、京へ引き返し護送されてしまう。捕虜の身の重衡は、頼朝の手厚いもてなしで知り合った千手前と、束の間の一時であったが愛の絆で結ばれていたにちがいない。

重衡は1180年（治承４）南都僧兵の反乱を鎮圧するため、父清盛の命により東大寺と興福寺を焼き払った。その大罪によって南都僧兵の強い要請により、京へ送還されるのである。処刑までの日を木津川の辺り安福寺

■作者　金春禅竹
■能柄　三番目物
　　　　現在鬘物
　　　　大小物
■登場人物
シテ　　千手前
ツレ　　平重衡
ワキ　　狩野介宗茂

平重衡卿之墓

安福寺

■安福寺　京都府木津
川市木津宮ノ裏274
☎0774-72-9922
JR奈良線木津駅車。

■法界寺　伏見区日野
西大道町19
☎075-571-0024
・京阪宇治線六地蔵駅か
ら京阪バス8で日野薬師
下車。

・手越へはJR東海道線
静岡駅下車、バスで手越
経由、丸子営業所行き
で、手越下車。

で過ごした。僧兵によって処刑された悲劇のヒーロー
をしのんで木津安福寺の本堂は哀堂（あわんどう）と名付けられてい
る。重衡の首を洗ったと伝える跡はJR奈良線の西に
碑が残されている。

◆重衡の墓

　平重衡の墓は重衡の北の方が平家滅亡後住んでいた
ことから京都伏見の日野の法界寺（首塚）に建てられ
たという。

◆手越の宿

　駿河国、手越（てごし）の宿は現在の静岡県静岡市手越旧東海
道の阿倍川西岸である。かつては宿場町として栄えた。
手越にある少将井神社（手越長者の館跡といわれる）
の脇に千手の碑がある。磐田市にも千手伝説が残され
ていると聞いている。

=❖登場人物紹介❖=

平重衡（たいらのしげひら）　　　1157～1185年（保元2～文治1）平安
　　　　後期の武将。平清盛の子。母は平時子

新熊野神社

◆大和猿楽の発祥と活動

　現在、能楽と呼ばれているが江戸時代以前は猿楽と呼ばれ、その歴史は7世紀にまで遡るが、今日のような芸になるのは14世紀後半である。世阿弥の著『風姿花伝』によると興福寺をはじめ大和地方の寺社に属した猿楽は、寺社の神事や祭礼に参加奉仕する義務を負わされていた。春日大社の神事に外山「宝生座」、結崎「観世座」、坂戸「金剛座」、円満井「金春座」が記され、大和猿楽四座が活動していた。猿楽は大和のほかに近江、丹波の地にも様々な座が活動していた。

　春日大社の若宮祭には、猿楽座の参勤が義務づけられていた。大和四座の本拠地は円満井座が磯城郡田原本町、外山座が桜井市外山、結崎座が磯城郡川西村結崎、坂戸座は法隆寺所属であったが、後に興福寺参勤となっていた。

◆観阿弥・世阿弥、足利義満に寵愛される

　観世流の始祖である観阿弥は、大和多武峰の地で活動していた美濃大夫の養子の子で、30歳の頃、大和で結崎座を創設した。本拠地の大和以外でも活動し始

猿楽（能楽）と世阿弥

現在の奈良県桜井市にある多武峰談山神社

■新熊野神社　東山
区今熊野椥ノ森町42
☎ 075-561-4892
・京都駅から市バス
208で今熊野、または
泉涌寺道下車。

め、京都醍醐寺での演能以来評判を呼んだ。1375年（永和１）京都の今熊野で子の世阿弥を伴い猿楽を催したとき、将軍足利義満が見物し、感激した義満は観阿弥・世阿弥親子を庇護することになる。世阿弥は当時12歳であった。この催事は後に、日本芸能史上に画期的な発展をもたらすことになった。

東山区今熊野にある新熊野神社には、足利義満が猿楽を鑑賞した記念碑が建てられ、世阿弥の著『花鏡』から写した世阿弥自筆の「能」の１字が刻まれている。

◆世阿弥の盛衰

父観阿弥の死後、若くして観世大夫を引き継ぎ1399年（応永６）一条竹ヶ鼻で義満を招き勧進猿楽を開催して天下にその名を知らしめた。

義満死後よき後援者を失ったが、義満の跡継ぎ義持は、義満以上に鑑賞眼が高く世阿弥の芸風・芸能論を

なお一層高める一因となった。世阿弥は 1422 年頃に出家して、大夫の地位を息子の観世元雅に譲ったが、演能には執着し能を演じていた。また元雅、次男の元能や甥の元重（後の音阿弥）の指導にも熱心であった。

　義持の死後、弟の義教が将軍になると世阿弥の甥元重を応援して意外な悲運が訪れる。世阿弥の娘婿である金春禅竹にも圧力がかかり、観世大夫の継承を巡り義教の逆鱗に触れて、世阿弥は佐渡へ流されてしまった。

◆世阿弥の帰依伝説

　世阿弥は 1434 年（永享 6）佐渡へ配流されたあと、許されて帰洛したかは不明である。世阿弥が帰依したとされる奈良県田原本町にある補巌寺には 8 月 8 日の命日が記録され、81 歳没と伝えられるが、没年は記述がない。推論ではあるが、妻の寿椿と共に娘婿の金春禅竹のもとで過ごしたのであろうか。

補巌寺

◆観世元雅の涙

　父の世阿弥と共に足利義教将軍から疎まれ、仙洞御所への立ち入りを禁止され、楽頭職まで罷免されてしまった元雅は、大和国越智（現在の高市郡高取町）へ隠退する。この越智郷は祖父観阿弥、父世阿弥の活動していた大和猿楽の本拠地結崎座（磯城郡川西町）の南にあたり、足利将軍から敵対していた越智氏の本拠地であった。

天河大辨財天社

■天河大辨財天社
奈良県吉野郡天川村
坪内107
☎0747-63-0558

　再起を決心した元雅は吉野の天川にある芸能の神、天河大辨財天社へ演能道具を背負って参詣し、尉面を奉納した。その尉面「阿古父尉（あ こ ぶ じょう）」は天河大辨財天社に現在でも所蔵されている。この尉面は、現在の尉面と比べると形式にとらわれない造形で、写実的な佳品である。素材は樟（くす）で、裏面は木地に元雅自筆の「所願成就円満」と年記があり、再起を期して寄進したものと思われる。このほかにも天河大辨財天社には、古い能面や能装束が多く所蔵されている。

　この「阿古父尉」を筆者が撮影しようとしたところ、シャッターが切れない、蔵の扉を開けると、先程まで日が差していた天候はにわかにかき曇り土砂降りの雨。大藏彌右衛門宗家が、阿古父尉を拝んで尉面の表情が穏やかになった。「この尉面、霊が宿っている。穏やかな顔になったのでもうシャッター切れると思うよ」といってくださり、撮影することができた。あとで柿坂（さか）神酒之（み き の）祐（すけ）宮司にうかがったところ、「この尉面には霊が宿っていて必ず雨が降ります。別名、雨降らしの面と呼ばれている」とのこと。その話を聞いて背筋が寒くなった。さっきの雨は元雅の涙であったのか。

❖ 猿楽の創始者 ❖

足利義満　1358〜1408年（延文3・正平13〜
応永15）室町幕府3代将軍。

観阿弥　1333〜1384年（正慶2・元弘3〜至徳
1・元中1）南北朝時代の能役者・謡曲作者。名は
清次。観世流の始祖。世阿弥の著『風姿花伝』にそ
の間の様子が記されている。観阿弥は1384年5月
4日、駿河の浅間神社で演能したのを最後に、同月
19日に駿河で没した。享年52。

世阿弥　1363？〜1443？年（貞治2・正平18
〜嘉吉3）室町時代の能楽者・謡曲作者。父は観阿
弥。観世2世宗家。名は元清。著作に『風姿花伝』・
『花鏡』ほか。『申楽談儀』は次男の元能による世阿
弥の談話の筆録。

足利義持　1386〜1428年（至徳3・元中3〜正
長1）室町幕府4代将軍。

足利義教　1394〜1441年（応永1〜嘉吉1）室
町幕府6代将軍。

観世元雅　1394？〜1432年（応永1？〜永享4）
室町前期の能役者・作者。通称十郎。世阿弥の長男。
1432年、伊勢の安濃津で没した。代表作に「盛久」
「隅田川」「弱法師」「歌占」。

観世元重　1398〜1467年（応永5〜応仁1）室
町前期の能役者。世阿弥の弟四郎の子。観世3世宗
家。音阿弥と称する。

金春禅竹　1405〜1470？年（応永12〜文明2？）
室町前期の能役者・能作者。大和猿楽「円満井座」
の出身。金春座の確立者。世阿弥の娘婿となり、世阿
弥の後継者とされたが音阿弥ほどに至らなかった。
世阿弥の佐渡配流中に物資を送り、世阿弥の妻を扶
養していた。義兄の観世元雅とも親交が厚かった。

阿古父尉・面

阿古父尉・裏

奈良

東大寺　金春発祥地の碑　奈良公園

春日龍神

[かすがりゅうじん]

観世・金春・宝生・金剛・喜多

龍神／辰巳満次郎〔宝生〕

◆あらすじ

　明恵上人が仏教修行のため仏跡探訪を思い立ち、唐・
天竺へ渡ることを決意して、暇乞いに春日明神に参詣
する。すると萩箒を持った宮守の老人と出会い、上人
が仏跡探訪のため中国からインドへ渡る意志をいい、
暇の挨拶に来たことを告げると、宮守は春日山こそ釈
迦が法を説いた霊鷲山に等しいと、釈迦入滅後のイン
ドへ渡ることを止める。宮守は春日明神と仏教の所縁
を説き、立ち去る。

　宮守は春日明神を鹿島から勧請したとき、供をした
時風秀行であった。

　すると大地が震動して春日龍神が現れ、釈迦を守護

春日大社

■作者　不明
■能柄　五番目物
　　　　鬼物
　　　　太鼓物
■登場人物
前シテ　宮守の老人
後シテ　龍神
ワキ　　明恵上人
ワキツレ　同行の僧
アイ　　末社の神

■春日大社　奈良市春
日野町160
☎0742-22-7788
FAX0742-27-2114
・JR・近鉄奈良駅より
奈良交通バスで大仏殿・
春日大社前もしくは春日
大社表参道下車、徒歩
10分。または春日大社
本殿前行きで春日大社本
殿下車。

する八大龍王らを引き連れ、激しい舞働（まいばたらき）を舞い、天を
仰ぎ地を指して龍神は猿沢の池に姿を消すのであった。

◆この曲の舞台　春日大社

　春日大社は常陸の鹿島神宮から主神である武甕槌（たけみかづちの）
命（みこと）が御蓋山（みかさ）頂に降臨し、藤原一族の氏神として768年
（神護景雲2）に現在地に社殿が造営されたのを始ま
りとする。開運厄除けと交通安全の神として参詣者が
絶えない。朱塗りの南門から左右にのびた回廊には優
雅に揺れる吊り燈籠があり、節分とお盆の8月15日
には燈がともり幽玄な雰囲気である。

　能「春日龍神」は春日大社の、神徳の偉大さを讃え
る曲である。

╍╍╍╍❖登場人物紹介❖╍╍╍╍

明恵上人（みょうえしょうにん）　1173～1232年（承安3～貞永1）鎌
倉前期の華厳宗の僧。父は平重国。9歳で山城国高
雄山に登り、16歳で出家。1206年（建永1）後鳥
羽上皇より栂尾山（とがのお）を賜り旧寺を再建して「高山寺」
とした。栂尾でお茶を栽培し、茶の栽培の元祖とし
ても知られる。

鬼神／大坪喜美雄（宝生）

野守
[のもり]

観世・金春・宝生・金剛・喜多

◆あらすじ

　羽黒山の山伏が大和の春日野にやって来る。そこには由緒ありげな池があり、年老いた野の番人（野守）に池のいわれを尋ねると、番人（野守）は池は姿を映して見る鏡となっていると答える。また、老人は野守の鏡は鬼神が持っていた鏡で、昼は人となって野を守り、夜になると鬼神となって塚に住むと教える。山伏は古歌を思い出し「はし鷹の野守の鏡得てしがな　思ひ思はずよそながら見ん」とさらに尋ねると、老人は野守の鏡の故事を語る。天皇の鷹狩りで鷹がいなくなり探しているとき、野守が鷹は池の水底にいますといい、水面をのぞくと樹の枝に鷹がいるのを映し出して

いた。山伏が鬼神の持つ鏡を見たがると、鷹を映した水鏡をご覧なさいといい残し塚の中に消える。

日が暮れ山伏が塚に向かって祈っていると、鬼神が鏡を持って現れ、勇壮に動き回り鏡を山伏に与えると、大地を踏み破り消え去るのであった。

◆この曲の舞台　飛火野

かつて春日の飛火野（とぶひの）では王朝貴族が鷹狩りを楽しんでいた。世阿弥が「野守」の曲中に鷹狩りを取り入れたのは、鷹が獲物を追う姿に魅せられたからではないだろうか。

奈良公園の飛火野一帯は春日大社一の鳥居と表参道を過ぎ、鹿がのんびり群れる鹿苑の広大な地域である。貴族たちが、壮麗な鷹狩りをしていた様子が目に浮かぶ。

飛火野の北の表参道を春日大社へ向かって歩いて行くと、石灯籠がずらーっと立ち並び、春日の森の荘厳な雰囲気を味わえる。春日荷茶屋（にないぢゃや）の奥には万葉植物園があり、万葉集に詠われた植物が四季を追って楽しめる。藤原氏の勧進によって建てられた春日大社は荘厳な社が立ち並び、歴史のロマンと重圧を感じさせられる。春日大社から南へ歩くと、おん祭で有名な若宮神社がある。

春日大社の北に水谷神社があり、若草山の麓に沿って北へ歩くと、能「小鍛冶」で有名な「三条小鍛冶宗近」の刃物屋がある。また水谷神社方向へ戻り、水谷茶屋から西へ歩くと奈良春日野国際フォーラム甍があり、この中には立派な能楽堂がある。また西に行くと氷室

■作者　世阿弥
■能柄　五番目物
　　　　鬼物
　　　　太鼓物
■登場人物
前シテ　老人
後シテ　鬼神
ワキ　　山伏
アイ　　春日の里人

■囃子方と地謡が着座すると大小の鼓の前に、作り物の塚を置く。

■古歌「はし鷹の野守の鏡得てしがな　思ひ思はずよそながら見ん」は『新古今和歌集』（巻15　1431　よみ人知らず）にある。

■春日大社　奈良市春日野町160
☎0742-22-7788
FAX0742-27-2114
・奈良公園飛火野へはJR・近鉄奈良駅より奈良交通バスで大仏殿・春日大社前もしくは春日大社表参道下車、徒歩10分。または奈良交通バス春日大社本殿前行きで春日大社本殿下車。

野守 [のもり]

神社があり、境内には「鷹乃井」があって製氷業者の守り神となっている。

奈良公園飛火野

采女の霊／小玉三郎（観世）

采女
[うねめ]

観世・金春・宝生・金剛・喜多

◆あらすじ

　旅の僧が京の社寺を巡り、奈良へ着き春日神社に参詣すると、若い里の女が木を植えている。訳を尋ねると、御神木の植樹のためと答える。明神が春日へ祀られた頃は木陰のない山で、藤原氏の人たちが木を植え始め茂みとなっていったという。女は猿沢池に僧を案内して、お経を読んでくれないかと頼む。僧がどなたを弔えばいいのか聞くと、「昔、天皇に寵愛された采女がいて、心変わりした天皇を恨み、この池に身を投げた」ことを話す。僧はその話を知っていたので、不憫に思われた天皇が池のほとりで「吾妹子が寝ぐたれ髪を猿沢の　池の玉藻と見るぞ悲しき」と詠われたと話すと、女は自分が采女とほのめかし池に消える。

猿沢池と供養塔

采女神社

■作者　世阿弥か
■能柄　三番目物
　　　　本鬘物
　　　　大小物
■登場人物
前シテ　里の女
後シテ　采女の霊
ワキ　　旅の僧
ワキツレ　旅の僧
アイ　　里の男

■猿沢池　奈良市登大
路町49
・JR奈良駅より徒歩５
分。近鉄奈良駅より徒歩
10分。

　僧が采女の霊を弔っていると、池から浮かび出た采女の霊は水に濡れた態で姿を現し、采女という役割について語り、天皇との楽しかった宴を思い出し舞を舞い、仏の世界を賞嘆して、再び猿沢池の水底に姿を消すのであった。

◆この曲の舞台　猿沢池

　興福寺南大門前にある猿沢池は、興福寺の放生池であった。采女というのは古代天皇の食事や日常の雑事をした女官の意味で、現在でいえば、宮内庁の職員といった立場の役職名で、人の名前ではない。

　JR奈良駅から春日大社を結ぶ三条通の、興福寺南大門前にある猿沢池は、興福寺の五重塔を池面に映して美しい。猿沢池に采女が入水自殺した気持ちもわかるような気がする。池の東側には、柳が枝を垂れる池のほとりに采女が衣を掛けた柳が植えられ、采女の供養塔が昔をしのばせる。池の北西隅には鳥居を背にした後ろ向きの、采女を祀る采女神社がある。采女が身を投げたので、この所へ祀ったところ、一夜のうちに池に背を向けたとの伝承がある。悲しい話である。「吾妹子が寝ぐたれ髪を猿沢の……」とあるのは『大和物語』にある。

薪御能　融／金春安明（金春）

奈良興福寺の薪御能

　薪猿楽はかなり古い時代から催されていた。世阿弥が佐渡配流中に執筆した『金島書』にも、興福寺の「薪神事」が記されているので、その歴史がわかる。

　現在の興福寺薪御能は、5月11・12日の両日に興福寺南大門跡で開催されている。初日の11日の昼間に咒師走りの儀が春日大社で行われ、12日の昼間には御社上りの儀が春日若宮拝の舎で行われる。

咒師走りの儀／大藏彌太郎（大藏）

御社上りの儀／金春欣三（金春）

弓矢立合　金春安明、金春晃実、金春穂高（金春）

春日若宮おん祭

　おん祭は春日大社の摂社である若宮神社の若宮神が、祭場となる「御旅所」へ遷幸され、舞楽・東遊・田楽を奉納する神事で、毎年12月17日に行われている。翌18日には同じ会場で後宴能の神事がある。

◆遷幸の儀は17日の午前0時、若宮神が若宮神社を出発し、参道を遷して御旅所へ行く行事である。浄闇の中で執り行われるので参観する者は火を点すことは許されない。

◆松の下式はお渡り式で大切な儀式である。御神木

御祭　田楽

御祭　舞楽　蘭陵王

　の影向の松に向かい、能役者は「開口」・「弓矢立合」、
狂言役者は「三笠風流」を演じる。
◆御旅所祭は約９ｍ四方の芝舞台に、若宮が遷幸した
御旅所へ向かい、芸能を奉納する行事である。その芸
能は神楽・東遊・田楽・細男・神楽式・舞楽・和舞な
どである。神楽式には能の金春流宗家が、「三番三」
の「鈴ノ段」では大藏流宗家が純白の狩衣と大口袴姿
で奉納舞を行う。午後 11 時頃になると若宮神が若宮
神社に帰る、還幸の儀がある。

御祭　舞楽　納曾利

井筒
[いづつ]

観世・金春・宝生・金剛・喜多

井筒の女の霊／今井清隆（金剛）

◆あらすじ

　旅の僧が南都を回り大和初瀬に向かう途中に、在原業平と紀有常の娘の夫婦が住んでいた在原寺を訪ね弔っていると、井戸から水を汲み塚に手向ける里の女と出会う。女はこの塚は業平の墓であるといい、業平と紀有常の娘の愛に満ちた生活を旅の僧に聞かせる。そして里の女は紀有常の娘の霊とほのめかし、井筒の影に消える。

　夜がふけ、月が在原寺を照らすと紀有常の娘の霊が現れ、業平の形見の直衣を身にまとい、亡き業平をしのび舞の袖を翻し、井戸をのぞきこみ、水に映し出されたわが姿に、業平の面影をしのぶのであった。夜が

白々と明けてくると、僧は夢から醒めるのである。

◆この曲の舞台　在原寺

　在原寺跡（現在、在原神社）は天理市櫟本町にある。天理市の東西に走る西名阪自動車道と国道169号線が交差する南西の地点だ。奈良市からJR桜井線で櫟本駅を下車して、南へ10分ほど歩いた所である。交通の要衝となっている現在の在原神社周辺は、女が井戸の水に姿を映して業平をしのぶという雰囲気にほど遠い。在原神社を訪ねると「在原寺」の石碑の裏に「在原神社」と彫られ、廃仏毀釈によって寺が神社となったことがわかる。境内には井筒の井戸があり、業平と紀有常の娘の愛を見守った往時の井戸の風情が残されている。また「ひとむらのススキ」が植えられ風になびいていた。

■作者　世阿弥
■能柄　三番目物
　　　　本鬘物
　　　　大小物
■登場人物
前シテ　里の女
後シテ　井筒の女の霊・
　　　　紀有常の娘の霊
ワキ　　旅の僧
アイ　　里の男
■囃子方と地謡が登場し着座すると、井筒にススキを付けた作り物が正先に置かれ、舞台は在原寺を表している。

■在原神社　天理市櫟本町
・奈良市よりJR桜井線櫟本駅下車、南へ徒歩10分。

在原神社・在原寺の井筒

三輪明神／片山幽雪（観世）

三輪 [みわ]

観世・金春・宝生・金剛・喜多

◆あらすじ

　三輪山辺りの草庵にひっそりと棲む玄賓僧都のところへ、毎日樒を持ち水を汲みに来る里の女がいる。名を聞こうとすると罪を救って欲しいといい、秋の寒さに衣を譲ってほしいともいう。僧都が衣を渡し住まいを尋ねると、もしお訪ねくださるなら三輪の山里の杉の立っている辺りですといって姿を消す。

　僧都は三輪の里人から杉の木に掛かる衣があると聞き、訪ねてみると里の女に渡した衣が掛かっている。衣には神託の和歌が書かれていた。すると杉宮の中から女の声で、罪業をお助けくださいといって男装をした三輪明神が現れ、三輪明神の伝説を語る。その伝説

とは大和に住む女のところへ、夜毎通う男の着物の裾へ糸を付け、男のあとを付けたところ、神木に糸が残されていたという話である。そして天の岩戸の神話の時に初めて舞われた神楽を舞い、三輪明神と伊勢の天照大神とは同一と教える。天の岩戸が開くかのように夜が明けると、僧都は夢から醒めるのであった。

◆この曲の舞台　大神神社

　JR三輪駅から大神神社へ歩いて行くと三輪の山が紡錘形に広がり美しい。大神神社は三輪山を御神体にしており、三輪山の傾斜を背に建てられている。荘厳な拝殿は横に広がり奥には重要文化財の三ツ鳥居があ

大神神社

■作者　不明
■能柄　四番目物
　　　　夜神楽物
　　　　太鼓物
■登場人物
前シテ　里の女
後シテ　三輪明神
ワキ　　玄賓僧都
アイ　　三輪の里人

■前シテが中入してアイの語りの後に、杉宮の作り物が後見により据えられる。後場になると引廻しの幕には僧都からもらった衣が掛けられる。

三輪［みわ］

衣掛けの杉

■大神神社　桜井市三輪1422
☎0744-42-6633
FAX0744-42-0381
・JR三輪駅より徒歩5分。JR・近鉄桜井駅より奈良交通バスで三輪明神参道口下車、徒歩10分。
■玄賓庵　桜井市茅原377
☎0744-42-6447
・JR三輪駅より徒歩30分。

り本殿はない。山全体が御神体なので、太古の昔からの姿のままである。

　境内には現在に至っても、御神木の衣掛けの杉が残されていて、拝殿に上がる階段下に屋根に覆われた衣掛けの根株が置かれている。その脇に立つ案内板によると、1857年（安政4）落雷により折れ、明治時代に腐敗して倒れ、根株を掘り起こし保存しているとあった。

　社務所前から山辺（やまのべ）の道を20分ほど歩くと、檜原神社の手前に玄賓僧都の草庵跡の玄賓庵（げんぴんあん）と修行の滝がある。

　「三輪の明神さん」と親しまれ、酒の神、醸造の祖神としてあがめられていて、酒造りの成功を祈願する「酒祭」が毎年11月に催される。

❖登場人物紹介❖

玄賓僧都（げんぴんそうず）　？〜818年（？〜弘仁9）平安前期の高僧。興福寺で法相宗を学んだが、仏教界の腐敗を慨嘆し隠棲した。隠棲の地は三輪山麓とも伯耆国ともいう。延暦年間（782〜806年）に勅命により上京、大僧都にまで任ぜられたが、辞退した。

雲雀山
[ひばりやま]

観世・金春・宝生・金剛・喜多

乳母の侍従／友枝昭世（喜多）

◆あらすじ

　右大臣藤原豊成は一族から逆賊が出たことで讒言を信じ、わが子の中将姫を殺すように従者に命じる。しかし従者は中将姫を不憫に思い殺すことができず、乳母の侍従と共に中将姫を雲雀山の山中に隠す。乳母の侍従は山中の花を里へ売りに出かける。

　右大臣豊成は従者を従え雲雀山へ狩りにやって来て、乳母の侍従と出会う。侍従が姫をかくまっているうわさを知る豊成は、先非を悔いて、姫との再会を乞う。侍従の計らいで豊成は中将姫と再会するのであった。

雲雀山［ひばりやま］

■作者　不明
■能柄　四番目物
　　　　狂女物
　　　　大小物
■登場人物
シテ　乳母の侍従
子方　中将姫
ワキ　横佩の右大臣豊
　　　成
前ワキツレ　中将姫の従者
後ワキツレ　豊成の従者
アイ　鷹匠
アイ　犬引
アイ　勢子

■囃子方と地謡が着座
するとワキ柱寄りに、
作り物の萩小屋が置か
れ、子方の中将姫が作
り物の中に入り、哀れ
さを誘う。

◆この曲の舞台　日張山青蓮寺

　奈良県の當麻寺に伝わる當麻曼荼羅の発願者中将姫
は、伝説上の人物である。

　中将姫伝説が「雲雀山」の舞台となっている宇陀市
菟田野区の日張山青蓮寺に残されている。現在の菟田
野は、四方を杉や檜に覆われた林業と農業の町である。
町の南東方向に4km歩くと宇賀志地区があり、日張山
の中腹山林の中に、ひっそりとたたずむ青蓮寺がある。
周囲は杉木立に覆われ、森林浴をしてリフレッシュす
るのに最適な環境である。

　青蓮寺の伝説によると760年（天平宝字4）、藤原
豊成の息女中将姫は継母の讒言により14歳で日張山
に配流され、家臣の松井嘉藤太春時と妻静野に目をか
けられ育てられた。日張山に草庵を結び2年6か月の
日々を送った後、一度都に帰ったが、奈良の當麻寺に

日張山青蓮寺

入り出家して法如尼と名のった。當麻曼陀羅を感得して19歳の夏、再びこの山に登り堂を建て、自らの像と嘉藤太夫婦の像を彫り堂に安置して、尼の道場としたとある。

　筆者は日張山青蓮寺を探すのに何年もかかってしまったが、中将姫伝説地に行ったことは、今になって感慨深い。

❖═══ 登場人物紹介 ═══❖

中将姫（ちゅうじょうひめ）　當麻曼荼羅の発願者とされる伝説上の女性。（「当麻」のページ参照）

藤原豊成（ふじわらのとよなり）　704？〜765年（慶雲1？〜天平神護1）奈良時代の公卿。南家藤原武智麻呂の嫡男。藤原仲麻呂は同母弟。749年右大臣になるが、翌年、橘奈良麻呂の変に連座し大宰員外帥に左遷される。しかし病気を理由に赴任せず、746年藤原仲麻呂の乱の後、右大臣に復する。継縄など5人の子のうち、女子が「中将姫」とされる。

■日張山青蓮寺
宇陀市菟田野区宇賀志
1692
☎0745-84-2455
・近鉄大阪線榛原駅下車、奈良交通バスで菟田野町下車。徒歩4km。車では西名阪自動車道で針ICより榛原方面へ約1時間半。

■菟田野観光協会
宇陀市菟田野地域事務所内
☎0745-84-2521（代）

玉葛内侍の霊／櫻間金記（金春）

玉葛

［たまかずら］

観世・金春・宝生・金剛・喜多

観世は「玉鬘」と記す

◆あらすじ

　旅の僧が奈良の寺を巡り大神神社を経て初瀬川にさしかかると、川船を棹さし操る里の女がいる。過ぎ行く秋の空は時雨が降り、船を綱で引いてもらうのを待っているかのように見える。不審に思った僧が声を掛けると、女は色づく紅葉に谷あいに霧がかかる美しい眺めのことを話すのであった。僧と女は連れ立って長谷寺へ参り、境内にある二本杉に案内する。僧は『源氏物語』の玉葛にある古歌「二本の杉の立ち処を尋ねずば　古川のべに君を見ましや」と口ずさみ、玉葛の行方を案じ、夕顔と源氏の従女右近が偶然にこの初瀬で出会ったことを話す。女は玉葛と右近の弔いを僧に

長谷寺二本杉　　　　　　　　　　　初瀬川

頼むと、自分は玉葛の霊とほのめかして消え去るので
あった。

　僧が二人を弔っていると、老いた姿で髪を振り乱し
た玉葛の霊が現れ、仏の慈悲を願う。浮世の汚れと執
心から離れられず玉葛は舞い、僧の弔いに感謝するの
である。

◆この曲の舞台　長谷寺

　万葉の歌人はこの初瀬を「隠れ里」と詠んでいる。
初瀬川は谷あいを三輪にかけ流れる小川である。「玉
葛」の里の女が小船に乗り、長谷寺に参詣するには川
幅も狭く貧弱すぎる。

　長谷寺の歴史は古く、真言宗豊山派の総本山で686
年（朱鳥1）道明上人によって開基された古刹で、西
国観音霊場第8番の札所となっている。初瀬山の中腹
に御堂が立ち並び、本堂へ長い登廊が通じ風格が伝
わってくる。花の御寺としても有名で桜、ボタン、ツ
ツジ、アジサイ、紅葉、寒ボタンと美しい。仁王門を
くぐり登廊の右下に『源氏物語』玉葛巻の「二本杉」が
あり、その近くに藤原定家塔と藤原俊成歌碑がある。

■作者　金春禅竹
■能柄　四番目物
　　　　執心女物
　　　　大小物
■登場人物
前シテ　里の女
後シテ　玉葛内侍の霊
ワキ　　旅の僧
アイ　　里の男

■長谷寺　桜井市初瀬
731-1
☎0744-47-7001
・近鉄大阪線長谷寺駅下
車、徒歩20分、または
近鉄桜井線桜井駅南口よ
り　奈良交通バスで長谷
寺前下車。

当麻

[たえま]

観世・金春・宝生・金剛・喜多

中将姫の霊／豊嶋彌左衛門（金剛）

◆あらすじ

　紀州三熊野を参詣した念仏僧の一行は帰路に當麻寺を詣でる。境内では老尼と侍女が念仏を唱えている。旅の僧の尋ねに、老尼は蓮をすすいだ染殿之井や、糸を干した桜の木を教え、曼荼羅のいわれを語る。右大臣藤原豊成の娘中将姫が二上山の當麻寺にこもり、読経三昧の日々を過ごしているとある夜、老尼が現れた。中将姫は老尼が阿弥陀であることに気づき、阿弥陀を拝みたいと話す。老尼は蓮の糸を集めるようお告げがあったといい、中将姫は蓮の糸を集め五色に染めて曼荼羅を織り上げた。それが當麻曼荼羅である。老尼は「今宵は彼岸の中日、法事にやって来た」といい残し、老尼と侍女は化尼、化女と明かし、二上山に姿を消すのであった。

僧が仏前で弔っていると歌舞の菩薩である中将姫の霊が現れ、浄土経を称賛朗詠すると早舞を舞い、僧が勤行しているうち夜が明けるのであった。

◆この曲の舞台　當麻寺

當麻寺の栞によると用明天皇の第3皇子麻呂子親王が、推古天皇時代の612年（推古20）に河内（二上山の西麓）に万法蔵院禅林寺を草創したものを、麻呂子親王の孫の當麻国見が681年（天武天皇10）に現在地に堂宇を移し、當麻寺と名を改めたとある。

当初は三論宗だったが、弘仁年間（810～824年）に真言宗に改宗し、平安末期から當麻曼荼羅の浄土信仰が盛んになり浄土宗も加わり鎌倉時代以後は2宗を護持している。

■作者　世阿弥
■能柄　五番目物
　　　　女菩薩物
　　　　太鼓物
■登場人物
前シテ　老尼
後シテ　中将姫の霊
前ツレ　侍女
ワキ　　旅の僧
ワキツレ　従僧
アイ　　當麻寺門前の者

當麻寺本堂

二上山と中将姫供養塔

■當麻寺（中之坊）
葛城市當麻1263
☎・FAX0745-48-2001
・近鉄南大阪線当麻寺駅
下車、徒歩15分。

　當麻寺の仁王門をくぐると、内陣のある本堂一帯は天平時代の建築様式でとても美しい。本堂の中央には天平時代の厨子（国宝）があり、文亀年間（1501〜1504）に写された曼陀羅が安置されている。中将姫が蓮糸で織ったといわれる伝説の曼陀羅は、痛みがひどく収蔵庫に保管されている。また本堂には中将姫像がある。境内には蓮糸をすすいだ染殿之井や蓮糸を干した糸懸桜と中将姫が剃髪したと伝わる中之坊があり、本堂の北の北門を出て、詞章に詠われる石光寺へ向かう途中に、中将姫供養塔があり線香の煙が絶えない。

　奥院には江戸時代に写された曼陀羅もあり、奥院近くのボタン園には80種4千株のボタンが花期の4月20日〜5月10日頃まで咲き誇る。

❖登場人物紹介❖

中将姫（ちゅうじょうひめ）　當麻曼陀羅の発願者とされる伝説上の人物。當麻曼陀羅の縁起によると浄土信仰の盛況につれて、鎌倉時代以降盛んに転写本が作られ、その由来を説く縁起も伝説化し、横佩大臣（よこはぎのおとど）の姫が763年（天平宝字7）に當麻寺で出家し曼陀羅を織ったという説が、室町時代になると、藤原豊成の娘で、継母に憎まれ山に捨てられた後、父と再会し入内するが無情を感じて出家し、曼陀羅を発願するという説に変化してしまう。

龍田姫の神の霊／鈴木啓吾（観世）

◆あらすじ

　旅の僧が晩秋の夕暮れに龍田川のほとりにやって来ると、紅葉が一層色づき夕日に染まっている。龍田川を渡り龍田明神に参詣しようとすると巫女が現れ、川を渡ってはいけないと声を掛けられる。僧は龍田明神にお参りするために渡るのを許してくださいと答えると、巫女は「龍田川もみぢ乱れて流るめり　渡らば錦中や絶えなん」と『古今集』の歌を朗唱し、僧たちを龍田明神に案内する。龍田明神の紅葉は今が盛りと紅色に染まっている。三輪明神の神木は杉、龍田明神の神木は紅葉と、旅の僧はありがたさに合掌する。すると巫女は自分は龍田姫と明かし社殿の内に消えるのであった。

龍田［たつた］

■作者　不明
■能柄　四番目物
　　　　夜神楽物
　　　　太鼓物
■登場人物
前シテ　巫女
後シテ　龍田姫の神の霊
ワキ　　旅の僧
ワキツレ　従僧
アイ　　里人

■囃子方と地謡が着座
すると、後見が大小前
に一畳台に小宮の作り
物を出す。

■龍田大社　奈良県
生駒郡三郷町立野南
1-29-1
☎0745-73-1138
・龍田大社と大和川へ
はJR関西本線三郷駅下
車。徒歩15分。

■龍田神社　奈良県生
駒郡斑鳩町龍田1-5-3
☎0745-75-3163
・龍田神社と龍田川へは
近鉄王寺駅より、奈良交
通バス奈良行きで龍田神
社前下車。

旅の僧が神前で一夜を明かしていると、社殿から龍田姫の神の霊が現れ、滝祭りの御神は当社の神であると話すと、夜神楽を奏で神舞を舞い天上へと昇天していくのであった。

◆この曲の舞台　龍田川

地図を見ると龍田大社と龍田神社の二つがあるので、斑鳩町役場を訪ねると、『古今集』にある「龍田川もみぢ乱れて流るめり　渡らば錦中や絶えなん」と詠われている「龍田川」については、隣町の三郷町にある龍田大社の近くを流れる大和川を「龍田川」と詠ったものであるということであった。龍田神社は法隆寺にほど近い斑鳩の里にある。その脇を流れる龍田川（平群川）は大和川の支流で、護岸工事で両岸には紅葉と桜が植えられ、並木になっている。

いずれにせよ、龍田川に散った紅葉の葉が敷き流れ、錦の帯が流れるような光景は見事で、現代人でも必ず感動するはずだ。

龍田大社

桂子の霊／山階彌右衛門・桜子の霊／吉井基晴（観世）

三山
［みつやま］
観世・宝生・金剛

◆あらすじ

　大原に住む良忍上人は、融通念仏の奥義を授けられ国土に広めようと大和路を訪ねる。大和の国に着いた上人は、三山という名所があることを聞き、所の者に大和三山を教えてもらう。すると里の女が現れ、香久山は夫、畝傍山と耳成山は女と、三山のいわれを物語る。昔香久山に住む膳手公成という男が、畝傍山の桜子と耳成山の桂子という二人の女と契りを交わし、ふた道かけて通い、二人の女は争う。桂子が争いかねて失意のうちに耳成山の池水に身を投げ果てたことを語るうち、里の女は自分は桂子であることを明かし、僧に名帳にいれてほしいと願い、耳成山の池水に姿を消すのであった。

天の香久山

三山〔みつやま〕

■作者　不明
■能柄　四番目物
　　　　執心女物
　　　　大小物
■登場人物
前シテ　里の女
後シテ　桂子の霊
後ツレ　桜子の霊
ワキ　　良忍上人
ワキツレ　従僧
アイ　　所の者

■大和三山
・香久山へはJR桜井線
香久山駅下車。
・畝傍山へはJR桜井線
畝傍駅下車。
・耳成山へはJR桜井線
畝傍駅下車、または近鉄
大阪線耳成駅下車。

　上人が池のほとりで弔っていると桜子の霊が現れ、桂子の恨みを除いてほしいと僧に頼む。すると桂子の霊が現れ、桜子の美しさをねたみ、桂の枝で恨み重なる桜子を打って恨みを晴らす。やがて上人の弔いによって二人の因果はこれまでとなり、朝日が照り、飛鳥の里の夢物語となる。

◆この曲の舞台　大和三山

　大和三山は耳成山、香久山、畝傍山である。三山の中心地に日本最初の宮都である藤原宮跡がある。この飛鳥古京を古典文学『万葉集』片手に、ロマンチックな気分で歩いてみたらいかがであろう。

　『万葉集』巻1・28に、持統天皇の歌「春過ぎて　夏来たるらし　白栲の　衣乾したり　天の香久山」がある。香久山には「万葉の森」がある。

　能「三山」は『万葉集』巻1・13　中大兄皇子（天智天皇）の歌「香久山は　畝傍雄男しと　耳梨と　あひ争ひき　神代より　斯くなるらし　古昔も　然なれこそ　現身も　配偶を争ふらしき」からヒントを得た作品だ。

❖登場人物紹介❖

良忍上人　りょうにんしょうにん　1073〜1132年（延久5〜長承1）平安後期の僧。融通宗念仏の開祖。また声明の中興の祖。

葛城
[かずらき]

観世・金春・宝生・金剛・喜多

葛城の女神の霊／宇髙通成（金剛）

◆あらすじ

　出羽・羽黒山の山伏が大和の葛城山に着くと、雪が降りだしたので木陰で休んでいると、里の女が現れ、山伏たちを気の毒に思い自分の庵に案内し、柴を焚いて暖を取らせる。里の女は悩み事があるので祈祷をしてほしいと山伏に頼む。山伏がその仔細を尋ねる。女は不動明王の「葛城山と大峰山の間に岩橋を架けよ」との命令にそむき、明王の怒りに触れ、明王の命を受けた役行者に蔦葛で体を縛られ苦しみに耐えていると話し、山伏の祈りで救ってほしいといい残し、消え去るのであった。

　山下の男（アイ）が登場して岩橋架橋の故事を語り、

葛城 ［かずらき］

■作者　世阿弥
■能柄　四番目物
　　　　夜神楽物
　　　　太鼓物
■登場人物
前シテ　里の女
後シテ　葛城の女神の霊
ワキ　　山伏
ワキツレ　同行の山伏
アイ　　山下の男

■流派によって大小前
に雲のかぶった作り物
の庵が置かれる。

山伏が神に助けを求め祈祷をすると葛城の女神が現れ、法力に導かれ悟りの境地を開いたと、美しい喜びの舞を舞ううち、夜が白々と明けてきて岩屋に消えていくのである。

◆この曲の舞台　葛城山

　葛城山は大和（奈良県）と河内（大阪府）の境界に連なる葛城・金剛山地にある。筆者が葛城山登山口からロープウェイで御所市街や大和三山の耳成山、畝傍山、香久山や大和平野を一望しながら登って行ったとき、山霧で視界が悪くなり、葛城山上に着くと幻想的な雲の中であった。葛城山は標高 959 m の高い山で、地上

一言主神社

葛城山ロープウェイ

とはかなりの温度差がある。春、夏、秋と山野草が咲き乱れ、冬には樹氷が楽しめる。葛城山は修験道の開祖、役行者（えんのぎょうじゃ）が修行した山である。

　筆者がロッジで一泊したとき、薄日がさしたので屋外に出てみたが、一瞬のうちにまた霧がかかり、ロープウェイの葛城山上駅の建物が霧の中に消えてしまった。葛城山の頂上辺りには二．三の葛城山を守る神の社があるが、霧でレンズが曇り撮影は難しい。ロープウェイで下山して仰ぎ見ると葛城山の頂上は雲に覆われていた。

　葛城古道という西の山辺の道は、當麻町竹内から近鉄御所駅を通り、一言主神社（ひとことぬし）を経て、御所市風の森までの20kmで、「葛城の道」と呼ばれる散策路である。大和三山を見ながら葛城山の山裾の農道や畔道を歩くコースである。一言主神社は能「土蜘蛛」の所縁の神社でもあり、葛城山の神でもある。

■葛城山
・近鉄御所駅またはJR和歌山線御所駅から奈良交通バス葛城ロープウェイ前行きで終点下車。葛城登山口駅から葛城山ロープウェイで山上駅下車。徒歩15分。

土蜘蛛

[つちぐも]

観世・金春・宝生・金剛・喜多

金春・宝生は「土蜘」と記す

土蜘蛛の精／片山九郎右衛門（観世）

◆あらすじ

　源頼光（みなもとのらいこう）が原因不明の病で苦しんでいるところへ、侍女の胡蝶が薬を持って館に帰って来る。すると怪しげな僧が現れ蜘蛛の千筋の糸を投げつける。頼光が枕辺に置く名刀で斬りつけると、傷を負いながらも、蜘蛛の糸を繰り出して消え去るのであった。

　騒ぎを知った独武者（ひとりむしゃ）が駆けつけ、僧の血のしたたった痕を見つけ、その跡をたどると葛城山にたどり着く。すると岩陰から鬼神姿の土蜘蛛の精が現れ、独武者と従者たちに蜘蛛の糸を投げつけ合戦するが、遂に武者に斬りつけられ退治される。

京都の北野天満宮の東向観音寺にある土蜘蛛塚

一言主神社の蜘蛛塚

■作者　不明
■能柄　五番目物
　　　　鬼退治物
　　　　太鼓物
■登場人物
前シテ　僧
後シテ　土蜘蛛の精
ツレ　　源頼光
ツレ　　胡蝶
ワキ　　独武者
ワキツレ　従者
アイ　　独武者の下人

◆この曲の舞台　一言主神社にある蜘蛛塚

　土蜘蛛とは、大和朝廷に服従しない大和土着の民人の意味である。葛城の神を祀る一言主神社の境内には、神武天皇に討たれた土グモ族の塚がある。一言主神社は雄略天皇と葛城山で一緒に鹿狩りを楽しんだ一言主大神を祀る古社で、願いを一言だけかなえてもらえるという。

　神話のふるさと大和。能「国栖」に登場する浄見原天皇（後の天武天皇）が流鏑馬を見たと『日本書紀』に記された長柄神社。天孫降臨の前に天照大神が統治していた神々の里「高天原」と伝承される地にある高天彦神社。一言主神社がある葛城古道には数多くの神話や伝説が伝えられている。役行者（役小角）を開祖とする修験道は金剛・葛城山嶺で起こったのである。

■大小前には土蜘蛛の塚が置かれ、引き回しを取ると蜘蛛の巣が張られている。頼光の武勇伝と『平家物語』剣ノ巻を合わせて構成した曲。

■一言主神社　御所市森脇432
☎0745－66－0178
・JR・近鉄御所駅から奈良交通バス五条バスセンター行きで宮戸橋下車。徒歩10分。

❖登場人物紹介❖

源頼光　「大江山」のページ参照。

189

国栖

[くず]

観世・金春・宝生・金剛・喜多

里の老人／観世銕之丞　姥／観世淳夫（観世）

◆あらすじ

　浄見原天皇（後の天武天皇）は、大友皇子の勢力を
避けるため吉野の国栖に落ちて来た。里の老夫婦が川
船を操り帰って来ると、家の上に不思議に輝く星を見
つける。帰宅すると天皇がいるではないか、老夫婦が
事の子細を聞くと朝臣はその経緯を話す。老尉が国栖
鮎を焼いてもてなすと、天皇は鮎を食べて老尉に残り
の鮎を返す。すると、鮎は生き生きしてくるので老尉
は驚き、吉野川に放つと、鮎は生き返り泳いでいくの
である。敵の雑兵が現れ、老夫婦は船を伏せてその中
に天皇をかくす。雑兵は老尉の剣幕に引き上げるので
あった。

吉野の山が夜のとばりに包まれると、妙音が響き、琴の音にひかれ天女が現れ舞を舞う。そこへ吉野山の蔵王権現も現れ、天武天皇の世の到来を告げ将来を祝福するのであった。

◆この曲の舞台　国栖の浄見原神社

　近鉄吉野線大和上市駅で下車し、奈良交通バスで吉野川を遡ると、吉野川には鮎の友釣りを楽しむ人がいる。国栖トンネルを通過すると吉野町南国栖。和田山の崖に浄見原神社がある。祭神は天武天皇である。吉野川の清流と山間の森林浴で心が和む。

浄見原

❖登場人物紹介❖

浄見原天皇（天武天皇）　？〜686年（？〜朱鳥
きよみばらてんのう　　てんむてんのう
　１）天皇在位672〜686年。天智天皇と孝徳天皇の皇后の兄弟。672年（天武１）飛鳥浄御原宮で天皇即位。大友皇子は天智天皇の子

■作者　不明
■能柄　四・五番目物
　　　　霊験物
　　　　太鼓物
■登場人物
前シテ　　里の老人
後シテ　　蔵王権現
子方　　　浄見原天皇（天
　　　　　　武天皇）
前ツレ　　里の姥
後ツレ　　天女
ワキ　　　朝臣
ワキツレ　輿昇
オモアイ　敵の雑兵
アドアイ　同行の雑兵

■能「国栖」は、皇位継承をめぐって天智天皇の子である大友皇子と大海人皇子（後の天武天皇、清見原天皇とも称される）が争った壬申の乱672年（弘文
じんしん
１）を背景にし、『源平盛衰記』巻14「浄見原天皇」、巻15「浄見原天皇大友皇子と合戦」を典拠とした曲である。

■浄見原神社　奈良県吉野郡吉野町南国栖
☎07463-2-3081
・近鉄吉野線大和上市から,奈良交通バスで浄見原神社口下車。

吉野天人

[よしのてんにん] 観世

天人／坂真次郎（観世）

◆あらすじ

都の男たちが吉野山の桜を見に花見に出かける。すると里の女が現れ、花を友として暮らしているといい、吉野の桜を愛でる。やがて里の女は自分が天人であるとほのめかし、今宵ここに旅寝するのなら、五節の舞を見せようといって姿を消すのである。

やがて空から美しい花が降り、どこからともなく音楽が聞こえ天人が現れ、舞を舞うのであった。

◆この曲の舞台　吉野山

役小角が自ら蔵王権現を桜の木で彫り、蔵王堂に

祀ったことから吉野山では桜を神木としてきた。吉野山の桜は吉野桜といわれる品種が主である。桜の開花時期の4月上旬になると吉野山の麓の下千本から咲き始め、吉水神社と如意輪寺のある中千本、下千本が葉桜になる頃吉野水分神社辺りの上千本では満開となる。金峯神社から西行庵の奥千本辺りは4月下旬から5月初旬に満開となり、吉野山では約1か月の間、花見を堪能できるわけだ。

　7世紀末の大和国葛城山の呪術者であった役小角は役行者とも呼ばれ、修験道の山伏の祖と仰がれている。役小角が彫った蔵王権現が金峯山寺の本尊として、蔵王堂に祀られている。蔵王堂は大峰信仰の根拠地として知られ、かつて吉野山には多くの寺院が立ち並び、修験道の聖地として栄えてきた。山伏は健康維持のために漢方の胃腸薬「陀羅尼助」を作り常備薬としていたが、現在でも製造・販売されている。南北朝時代、後醍醐天皇が、南朝の皇居としていた吉野朝宮跡もある。

■作者　観世信光
■能柄　三番目物
　　　　精天仙物
　　　　太鼓物
■登場人物
前シテ　里の女
後シテ　天人
ワキ　　都の人
ワキツレ　同行者
アイ　　吉野の里人または山神

■舞台正先に桜の立木台が置かれる。天人揃という小書演出があり、ツレの天人が二人または四人登場する。

■金峯山寺　奈良県吉野郡吉野町吉野山2500
☎0746-32-8371

■吉野山問い合せ　吉野町役場文化観光商工課　☎0746-32-3081

■吉野山ビジターセンター　☎0746-32-8014
・吉野山へは近鉄吉野線吉野駅下車、ロープウェイで吉野山駅下車。

吉野山から蔵王堂を望む

吉野静

［よしのしずか］

観世・金春・宝生・金剛・（喜多）

静御前／辰巳満次郎（宝生）

◆あらすじ

　源頼朝の義経討伐により、吉野山の衆徒が心変わり
して、義経は吉野山を下りることにした。随臣の佐藤
忠信は、吉野の山中で静御前と偶然出会い、義経を無
事に吉野から落ち延びさせようと相談するのであった。
　すると吉野の衆徒がやって来て、佐藤忠信に義経の
動向を探り尋ねる。忠信は頼朝と義経の和解話の噂や、
義経の武勇伝を衆徒に話す。そこへ静御前が舞装束を
身にまとい現れ、義経の頼朝への忠心を話し、義経の
武勇を語るのであった。衆徒は義経の武力を恐れ、静
御前の舞を楽しみ、義経を追わないことにする。義経
は無事に吉野山から落ち延びるのであった。

◆この曲の舞台　吉野山

　源義経と静御前、佐藤忠信と吉野山とのかかわりは

『義経記』巻5に登場する。能の作者は義経の悲劇性をこの曲に表している。

　1180年（治承4）、兄頼朝が平家討伐の旗を挙げたのを知った義経は、頼朝と会い平家追討の大将軍に命じられた。義経は屋島や壇之浦の合戦に勝利したが、頼朝は陳情書（腰越状）を呈した義経を腰越から追い返した。さらに後白河法皇の信任を得たことに、疑いと怒りを持った頼朝は義経を暗殺（堀川夜討）しようと計った。身の危険を感じた義経は吉野山に身を潜めたが追いつめられ、ここまで連れて来た静御前と別れ、南都に隠れる。佐藤忠信はしんがりとなって吉野山で追手と闘い義経を逃した後、京都に上ったところを六

■作者　観阿弥
■能柄　三番目物
　　　　現在鬘物
　　　　大小物
■登場人物
シテ　　静御前
ワキ　　佐藤忠信
オモアイ　吉野の衆徒
アドアイ　同伴の衆徒

吉野桜と蔵王堂

源義経隠塔

■吉野水分神社
☎0746-32-3115
・吉野山へは近鉄吉野線
吉野駅下車、ロープウェ
イで吉野山駅下車。

波羅勢に攻められ自決する。吉野山中で捕らえられた静御前は鎌倉へ送られたが、歌舞の功により京都に戻され、出家して尼となり間もなく亡くなった。

　吉野山奥千本に金峯神社があり、義経隠塔がひっそりと建っている。近くには西行庵がありハイキングには絶好であるが、道標を見落とさないよう気をつけたい。吉野水分神社の近くには佐藤忠信が義経の身代わりとなって闘ったといわれる所に「花矢倉」展望台があり、桜の時期には上千本・中千本・金峯山寺蔵王堂を見下ろすことができる。

╺━━━━━╸❖登場人物紹介❖╺━━━━━╸

静御前（しずかごぜん）　生没年不詳。源義経の愛妾。母は磯禅師で元京都の白拍子。頼朝夫妻の求めにより鎌倉八幡宮回廊で舞を演じたとき、義経を慕う歌をうたった。

佐藤忠信（さとうただのぶ）　？～1186年（？～文治２）平安後期の武士。陸奥国佐藤荘司元治の子。父元治と共に藤原秀衡の郎党であったが、源義経に仕えた。義経が土佐坊に襲われたとき、それを防ぎ吉野山に逃れた。その後京都に潜伏し、1186年糟屋藤太有季に中御門東洞院で襲われ自決した。

静御前の霊／藤波重彦　菜摘女／藤波重孝（観世）

◆あらすじ

　吉野山の勝手神社に仕える女が若菜を摘んでいると、里の女が現れ一日経をして自分を弔ってほしいと社人へのことづてを頼む。里の女は怪しげに「名のろう」と一言だけいって姿を消す。

　菜摘女が勝手神社に帰り神職に話すと、里の女の霊がのり移り、静御前と名のるのであった。自分が身に着けていた舞の衣装を宝蔵に納めているので、出してほしいと頼み、身に着け舞い始めると、静御前の霊が同じ衣装を着て現れる。義経の思い出や、義経が吉野山に落ち延びたことや、鎌倉で頼朝の前で舞ったこと

二人静
［ふたりしずか］
観世・金春・（宝生）・金剛・喜多

197

勝手神社

■作者　不明
■能柄　三番目物
　　　　本鬘物
　　　　大小物
■登場人物
前シテ　里の女
後シテ　静御前の霊
ツレ　　菜摘女
ワキ　　勝手神社の神職
アイ　　下人

■吉水神社
☎07463-2-3024（勝手神社の連絡先）
・吉野山へは近鉄吉野線吉野駅下車、ロープウェイで吉野山駅下車。

■勝手神社の本殿は県指定の文化財だったが、2001年（平成13）焼失してしまった。

を思い出し、二人は舞の袖を翻し、供養を願って消え去るのであった。

◆この曲の舞台　吉野山　勝手神社

　源義経一行が吉野山に逃れて来たのは、1185年（文治1）11月17日（旧暦）であった。吉野山吉水院に落ち着き潜居したが、鎌倉から義経追捕の命が厳しく、わずか5日間の滞在の後に多武峰に逃れた。（吉野山ビジターセンター資料より）

　吉水神社（旧名「吉水院」）には「義経潜居の間」が残されており、義経所縁の宝物が拝観できる。また「弁慶力釘」の石が残っている。

　義経と最後の別れを惜しんだ静御前は、雪の山中をさ迷い、ついに捕らわれの身となり、連れて来られたのが勝手神社であった。境内には静御前が舞を舞ったという「舞塚」が残されている。

━━❖登場人物紹介❖━━

　静御前 <small>しずか ごぜん</small>　　「吉野静」のページ参照。

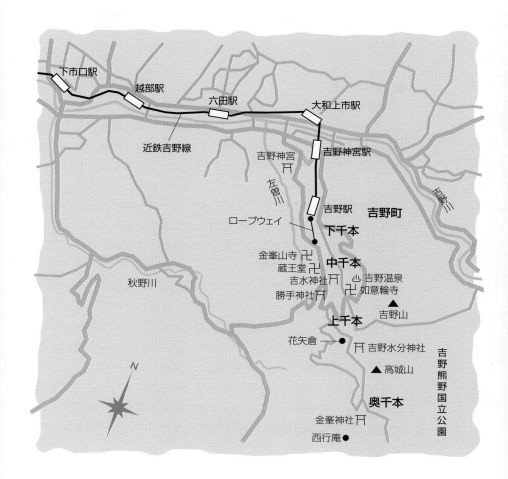

下市口駅

越部駅

六田駅

大和上市駅

近鉄吉野線

吉野神宮駅

吉野神宮 ⛩

吉野駅

吉野町

ロープウェイ

下千本

金峯山寺 卍

中千本

蔵王堂 卍

吉水神社 ⛩   吉野温泉

勝手神社 ⛩   卍 如意輪寺

▲ 吉野山

上千本

花矢倉   ⛩ 吉野水分神社

▲ 高城山

秋野川

奥千本

金峯神社 ⛩

西行庵 ●

左曽川

吉野川

吉野熊野国立公園

N

199

能の基礎知識

辰巳満次郎
(宝生流能楽師)

◆能楽の歴史

　一般的に能楽は 600 年の歴史といわれるが、実は能の源流をたどると、奈良時代大和朝廷の頃までさかのぼる。たとえば現在全国で盛んに催され、俳句では夏の季語にもなっている「薪能」のルーツは「興福寺薪御能」であり、1000 年以上の歴史があるといわれている。

　大和朝廷で芸能部門として保護された「散楽（雑多な芸）」という、歌舞・ものまね・曲芸・奇術などの様々な芸をする人々が、平安時代になり国家的な保護を失い、各地に分散し寺社に身を寄せて祭礼などで芸を演じるようになる。

　その芸は「猿楽」と呼ばれ、中でも滑稽なものまねが中心となり、やがて風刺をする笑いの芸、「狂言」へと発展していく。さらに農村の芸能「田楽」、宗教的な芸能「呪師芸」などの芸にも影響を受け、その後鎌倉期に当時流行の「今様」や「白拍子」といった要素を取り入れて、歌舞劇となり「猿楽の能」が確立していった。

　猿楽の集団（座）が芸を競うなかに、興福寺に奉仕する「大和猿楽」の四座（のちの観世・金春・金剛・宝生）は、名手観阿弥・世阿弥親子が将軍足利義満の絶大な支援を受けたため、隆盛を極めていた。

　特に世阿弥は、観客の嗜好をよく感じ取り、様々なジャンルの名人上手の芸を吸収・消化し、「幽玄」を骨格に持つ、舞台芸術に磨き上げていった。演劇論・演出論・経営論など様々な理論を持つ彼が、今日まで伝わる「能」の芸術性を確立したため、これをもって能の歴史を 600 年と考えるのが一般的となったわけである。

　やがて、織田信長や豊臣秀吉などの愛好家から扶持されるようになった能は、寺社支配から武家支配を受けることになる。

徳川家康も秀吉にならい、能を保護した。新たに喜多が一流樹立を許され、大和四座と一流が幕府の「式楽（儀式の際に用いる公式の芸能）」を行うことに認定された。地方の有力大名も四座一流の役者を抱え、能を愛好・保護したため、ますます盛んになるが、他方、幕府による厳格な取締りを受けることとなったのである。基本的に新作を禁じられ、芸の鍛錬と伝承を要求される。これによって自由奔放さ、大らかさを失いはしたが、技芸のレベルは高まっていった。

　明治維新によって保護者を失った能楽は、消滅寸前まで衰退してしまうが、外国の芸術保護政策にならい、自国の伝統芸術の保護に目覚めた政府や、皇室、華族、財閥の後援などによって、息を吹き返した。

◆能舞台

　現在の能舞台の形式は、江戸時代に確立したといわれている。能の大成期は、檜舞台はおろか、舞台に板さえなかったのである。芝生の上で演じたり、盛り土に板を敷いたりといった簡便なものだったが、芸術性の向上やあるいは武家の支配を受けた桃山時代の豪華絢爛様式が取り入れられ、能舞台も豪華になっていったようである。

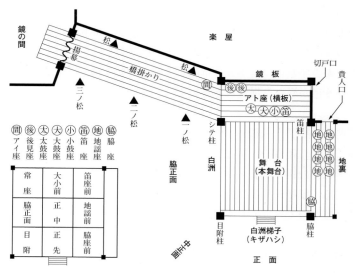

　その特殊な構造の中でも「屋根」と「4本の柱」が大きな特徴と
なっている。建物の中にありながら、必ず屋根のついた舞台となっ
ている。これは、もともと能舞台が野外にあった名残というのみで
はなく、4本の柱と屋根がいかに大事な役割を果たしているかとい
うことを示している。

　「揚　幕」　揚幕は必ず真ん中が赤色である。通常赤・白・黄・紫・
緑の5色で、「地・水・火・風・空」または「木・火・土・金・水」
などを表すといい、つまりは森羅万象を意味するのだが、流儀によ
り使う色が異なる場合もある。

　「橋掛かり」　揚幕と本舞台をつなぐ部分を「橋掛かり」という。
遠く離れた距離や、現在・過去・未来の時間、前世・現世・後世と
いった住む世、現実・空想・夢幻の世界などを結ぶ架け橋として使
われる。橋掛かり脇に3本の松があり、演ずる場合の目印になり点
景ともなって遠近感を出している。

　「鏡　板」　背景には老松が描かれるが、これは春日大社の影向（神

が降臨して宿る）の松に向かい演じられた名残である。また鏡板は「松羽目」ともいい、歌舞伎では能から取り入れた曲を「松羽目物」と呼んでいる。

「切戸口」　揚幕から登場するのは、通常の能では装束をつけた役と囃子方で、それ以外の地謡（コーラス）や後見は切戸口から出入りする。もっとも、退治された鬼や絶命した武者など、その場から即座に消え去るべき役柄は切戸口から退場する。

「4本の柱」　4本の柱はもちろん屋根を支えているが、それだけではない。「本舞台」と呼ばれる三間四方の空間をまず作り、面をつけて舞う演者の目標となる。それぞれ、そのそばに居るのが常態である役柄の名前が柱についている。目附柱は、面をつけた場合に一番重要な目標となる柱ゆえに、その名が付いた。「角柱」ともいう。

「白洲梯子」　一般的には「階（きざはし）」と呼ぶことが多いのだが、通常能を演ずるさいに使用することはない。昔は能奉行（能楽を興行する責任者）が舞台へ登り、幕へ向かって開始を告げるためなどに使ったようである。現在では舞台の真ん中の目印としている。

「白　洲」　舞台周りの玉砂利部分は「白洲」といい、昔、野外で能が行われていたときに舞台の周りに玉石を敷き詰め、離れで鑑賞していたが、日光を乱反射させて照明代わりの役もしていたと考えられている。現在はその名残として、周りにだけ形式的に敷き詰められている。

「舞台裏」　舞台のすぐ裏に楽屋がある。幕に近いほうからシテ方・ワキ方・狂言方・囃子方と、大体決まっている。幕のすぐそばに「鏡の間」があり、能が始まる前には出演者一同が会し、最終的な打ち合わせや精神統一をし、装束・面・楽器の調子などを整える。「お調べ」といって楽器の調子を整えるが、これはほとんど形式上のもので能が始まる合図の役割が大きくなっている。

◆各役の構成

「シテ方」　能の主役（シテ）を演じるほか、ツレ、子方、地謡、後見、作り物の製作、幕上げ、装束の着付けなど役割は多岐にわたる。

　　流儀：　観世流・金春流・宝生流・金剛流・喜多流の5流派。

「ワキ方」　簡単にいうとシテの相手役となるが、旅の僧や、勅使、武将といった役柄が大半である。シテが神や草木の霊、武将の亡霊などこの世の者ではない人物に扮することが多いのに対し、ワキは必ず現実の人間で、しかも男性であることが原則である。能の冒頭に登場することがほとんどで、場面や情景を設定する役目も担っている。

　　流儀：　福王流・宝生流・高安流

「囃子方」　能は笛・小鼓・大鼓・太鼓の四つの楽器で囃す。各パート一人ずつのオーケストラである。この四つの楽器奏者を総称して、囃子方と呼ぶ。

　　　笛の流儀：　一噌流・森田流・藤田流
　小鼓の流儀：　幸流・幸清流・大倉流・観世流
　大鼓の流儀：　葛野流・高安流・石井流・大倉流・観世流
　太鼓の流儀：　観世流・金春流

「狂言方」　狂言方は、狂言を演じる一方、在所の者、ワキの家来、寺男といった役柄で、能の中の人物としても登場する。これを「間狂言」といっている。また「翁」という能では、三番三（三番叟）という神の役を演じる。

　　流儀：　大蔵流・和泉流

◆能の曲柄

　室町時代は、「序破急」原理というものが文化に大きな影響をもたらしていた。能もまた、この序破急による「五番立て」という5種類の曲柄で構成されており、演じられる順番も決まっているので

ある。序破急とは単にスピードアップするだけではなく、1日の経過をも序破急で考えていたのである。朝の清々しい時間は神のもの、太陽が昇っていく時には勇ましい合戦もの、最も陽の高い昼にはしっとりとした柔和な女性の曲、陽が傾けば、感情の起伏が激しく、劇的なクルイ物、1日のクライマックスに鬼物、といった具合である。

「初番目物」　神を題材にした演目で、天下泰平、国土安穏の祝言が主題で、男神・女神・荒神などが主人公。

「二番目物」　「修羅物」ともいい、戦をして死んだ者が落ちる修羅道という地獄に苦しむ武者の曲で、源平の戦いを多く題材としている。

「三番目物」　「鬘物」ともいう。これは女性を主人公にしているためであるが、能が本来目指す幽玄美が最も溢れている曲柄だ。

「四番目物」　我が子や恋しい人をたずねてさまよう狂乱物や、敵討ち、斬り合い、芸尽くしものなど劇的で緩急のある、最も人間的な曲柄である。生きた人間のみが登場するので「現在物」ともいう。

「五番目物」　「切能」ともいい、1日の最後に演じられる。鬼物や天狗物のほかに、「石橋」や「猩々」といった本祝言物と呼ばれるものがある。

あとがき

　京都の繁華街、京極通りを歩いていたら築地塀を巡らした一角に切り開かれた窓があり、窓越しに見える墓地の中に立派な石塔が見える。何というお寺の墓地であろうかと廻ってみると誓願寺の墓地であった。先程見えた立派な石塔を探すとなんと和泉式部の墓標ではないか、先ずは持参のカメラでシャッターを切った。

　能に登場する憧れの和泉式部、一千年前にタイムスリップしていたら目の前の和泉式部と対面できるのではないか。心が躍り両手を合わせた。これが切っ掛けで能の史跡を訪ね本に纏めようと夢が膨らんだ。

　京都奈良はさすが観光都市とあって、道を尋ねても仕事の手を休め親切丁寧に教えてくれるのが印象に残っている。その温かい心に触れることが出来たのは幸せである。旅は人との出会い心の触れ合いだ。

　2006年NHK出版から同企画で出版しましたが早々に完売してしまい再出版の声を掛けていただく能楽ファンが多く、檜書店の檜常正社長のご厚意により再出版できる運びになり、この上ない喜びであります。この本を手に取っていただき能楽ファンが増えることを願っています。また巻頭に公益社団法人能楽協会理事長の観世銕之丞先生のお言葉をいただき、能楽の基礎知識のお原稿を辰巳満次郎先生にいただき大変感謝している。デザイナーの坂本真二さん、編集に当たり中井弘さんのご協力に心から感謝する次第である。

岩田アキラ

索引

「　」は曲名

あ 行

合槌稲荷社 …………………… 82
「葵上」 ……………………… 10
葵上 ………………………… 10
葵ノ巻を「葵上」 …………… 26
葵祭 ………………………… 12
揚幕 ………………………… 202
阿古父尉 ……………… 152, 154
足利義教 …………………… 153
足利義満 ……… 149, 153, 200
足利義持 …………………… 153
東遊 ………………………… 166
愛宕の寺 …………………… 85
安倍晴明（陰陽師）……… 46, 48
天津太玉神 ………………… 130
天岩戸神社 ………………… 127
「嵐山」 …………………… 112
嵐山 ………………………… 113
在原神社 …………………… 169
在原寺 ………………… 168, 169
在原業平 …………………… 95
在原業平の霊 ……………… 94
安福寺 ………………… 147, 148
和泉式部 …………………… 57
和泉式部の墓 ……………… 39
和泉式部の霊 ……………… 56
韋駄天 ……………………… 88
一条大路 …………………… 11
市原野 ……………………… 43
一角仙人 …………………… 36
「井筒」 …………………… 168
井筒の女の霊 ……………… 168
一遍上人 …………………… 39

新熊野神社 ………………… 150
石清水八幡宮 ……………… 140
岩本社 ……………………… 59
引接寺 ……………………… 28
「浮舟」 …………………… 136
浮舟 ………………………… 137
浮舟の君の霊 ……………… 136
浮舟の旧跡 ………………… 137
右京区・西京区 …………… 100
「右近」 …………………… 23
右近の馬場 ………………… 23
宇治川 ……………………… 133
「宇治十帖」散策路 ………… 138
宇治十帖ノ巻を「浮舟」 …… 26
宇治三室戸寺 ……………… 137
牛若丸 ………………… 50, 74
畝傍山 ……………………… 183
「采女」 …………………… 163
采女神社 …………………… 164
采女の霊 …………………… 164
「雲林院」 ………………… 94
雲林院 ……………………… 95
役行者（役小角）…………… 189
ゑんま堂狂言 ……………… 29
「大江山」 ………………… 125
大江山 ……………………… 126
大江山鬼退治絵巻 ………… 126
大伴黒主 …………………… 16
大原寂光院 ………………… 44
大神神社 …………………… 171
岡崎法勝寺町 ……………… 53
「翁」 ……………………… 7
奥千本 ……………………… 193
小塩山勝持寺（花の寺）…… 118

織田信長 ……………………… 200
御旅所 ……………………… 6, 166
御旅所祭 …………………… 167
男山石清水八幡宮 …………… 140, 145
小野小町 …………………… 16, 43
小野小町の霊 ……………… 42
小野頼風の霊 ……………… 141
小野頼風墓所・男塚 ……… 143
「大原御幸」………………… 44
「女郎花」…………………… 141
女郎花塚・女塚 …………… 143
音阿弥 ……………………… 151
おん祭［御祭］……………… 6
御祭　田楽 ………………… 166
御祭　舞楽　納曾利 ……… 167
御祭　舞楽　蘭陵王 ……… 167

か　行

開口 ………………………… 167
鏡板 ………………………… 202
香久山 ……………………… 183
神楽式 ……………………… 6, 167
春日大社 …………………… 159, 161
「春日龍神」………………… 158
「葛城」……………………… 185
葛城山 ……………………… 186, 187
葛城の女神の霊 …………… 185
葛城古道 …………………… 187
桂子の霊 …………………… 184
鬘物 ………………………… 205
「鉄輪」……………………… 46
鉄輪の井戸 ………………… 47
上賀茂神社 ………………… 12, 97
上京区 ……………………… 8

上千本 ……………………… 193
「賀茂」……………………… 96
鴨川 ………………………… 74
賀茂川堤の桜 ……………… 59
賀茂堤 ……………………… 12
「加茂物狂」………………… 58
賀茂別雷大神 ……………… 97
「通小町」…………………… 42
河原院跡 …………………… 65
観阿弥 ……………… 149, 153, 200
環境省管理事務所 ……… 16, 19, 31
冠者殿社 …………………… 72
菅丞相 ……………………… 19
菅丞相が姿を変えた雷 …… 17
菅丞相の霊 ………………… 17
観世元重 …………………… 153
観世元雅 …………………… 153
観世元雅の涙 ……………… 151
祇園祭 ……………………… 36
枳殻邸（東本願寺の別邸、渉成園の
別称）……………………… 63
北区 ………………………… 92
北野天満宮 ………………… 23
北野天満宮の東向観音寺にある土
蜘蛛塚 ……………………… 189
北祭 ………………………… 139
木津安福寺 ………………… 148
紀有常の娘の霊 …………… 168
紀貫之 ……………………… 16
貴船神社 …………………… 47
経書堂 ……………………… 85
行慶僧都 …………………… 104
狂言方 ……………………… 204
京都駅前市バス地下鉄案内所 …… 12
京都御所 …………………… 15

京都御所建礼門 ……………… 12
京都市観光案内所 ……………… 12
京都市観光協会 ……………… 12
京都南部 ……………………… 128
京都北部 ……………………… 120
浄見原神社 …………………… 191
清水寺 ………………………… 79
清水寺子安塔 ………………… 84
清水寺田村堂 ………………… 79
浄見原天皇（天武天皇）… 190, 191
切戸口 ………………………… 203
切能 …………………………… 205
「金札」 ……………………… 130
金札宮 ………………………… 131
金峯神社 ……………………… 193
金峯山寺 ………………… 193, 196
「国栖」 ……………………… 190
国栖の浄見原神社 …………… 191
宮内庁京都事務所 …… 16, 19, 31
鞍馬寺 ………………………… 50
「鞍馬天狗」 ………………… 49
鞍馬天狗 ……………………… 50
鞍馬山 ………………………… 50
車争い ………………………… 12
「車僧」 ……………………… 108
車僧御影堂 …………………… 108
化粧井戸 ……………………… 91
現在物 ………………………… 205
源三位入道頼政 ……………… 135
源氏供養 ……………………… 26
『源氏物語』 ……………… 25, 26
『源氏物語』 葵ノ巻 ………… 11
源氏物語と能 ………………… 25
玄賓庵 ………………………… 172
玄賓僧都 ……………………… 172

建礼門院 ……………………… 45
「恋重荷」 …………………… 52
興福寺薪御能 ………………… 200
弘法大師 ……………………… 35
高良の神 ………………… 144, 145
高良の神の霊 ………………… 144
「小鍛冶」 …………………… 81
弘徽殿 ………………………… 18
「小督」 ……………………… 115
小督の局 ………………… 115, 116
五条大橋 ……………………… 73
後白河法皇 …………………… 45
胡蝶ノ巻を「胡蝶」 ………… 26
五番目物 ……………………… 205
小町寺 ………………………… 43
小町文張地蔵尊 ………… 90, 91
駒の道 ………………………… 85
子安の塔 ……………………… 86
金春禅竹 ……………………… 153

さ 行

斎院 …………………………… 97
西行 …………………………… 119
「西行桜」 …………………… 117
蔵王権現 ………………… 191, 192
蔵王堂 ………………………… 113
嵯峨　小督塚 ………………… 116
賢木ノ巻を「野宮」 ………… 26
嵯峨釈迦堂（清凉寺）…… 105, 106
嵯峨念仏狂言 ………………… 106
坂上田村丸（麻呂）の霊 …… 78
坂上田村麻呂 ………………… 80
坂上田村麻呂の墓 …………… 80
「鷺」 ………………………… 34

左京区 ……………………… 40

桜子の霊 …………………… 184

桜葉社の神 ………………… 23

桜葉の神 …………………… 24

佐藤忠信 ………………… 194, 196

猿楽 …………………………… 6, 200

猿沢池 ……………………… 164

猿聟 ………………………… 114

三条宗近 …………………… 82

三条小鍛冶宗近之古跡 …………… 82

三番三（三番叟） ……………… 7

「三番三」の「鈴ノ段」 ………… 167

三番目物 …………………… 205

四位少将（深草少将）の霊 ……… 42

式子内親王 ………………… 21

式子内親王の墓 …………… 21

時雨の亭 …………………… 20

重衡の墓 …………………… 148

四条五条の橋の上 ………… 84

紫宸殿 ……………………… 18, 31

静御前 …………………… 194, 196

静御前の霊 ………………… 197

地蔵堂 ……………………… 85

シテ方 ……………………… 204

下鴨神社 …………… 12, 55, 59

下京区 ……………………… 60

下千本 ……………………… 193

寂光院 ……………………… 44

「舎利」 …………………… 87

守覚法親王 ………………… 104

呪師走りの儀 ……………… 165

酒呑童子 …………………… 125

修羅物 ……………………… 205

俊成社 ……………………… 68

「俊成忠度」 ……………… 67

俊成邸跡 …………………… 68

松花堂旧跡女郎花塚 ……… 142

勝持寺 ……………………… 118

誠心院 ……………………… 38

渉成園 ……………………… 63

「正尊」 …………………… 71

初番目物 …………………… 205

白河院跡 …………………… 53

白洲 ………………………… 203

白洲梯子 …………………… 203

神泉苑 ……………………… 34, 36

隨心院 ……………………… 90

菅原道真 …………………… 19, 23

鈴ノ段 ……………………… 7

須磨・明石ノ巻を「須磨源氏」 …… 26

須磨ノ巻を「松風」 …………… 26

世阿弥 …………… 149, 153, 200

世阿弥の帰依伝説 ………… 151

「誓願寺」 ………………… 37

誓願寺 ……………………… 37

細男 ………………………… 167

晴明神社 …………………… 48

清涼殿 ……………………… 18

遷幸の儀 …………………… 166

「千手」 …………………… 146

千手前 ……………………… 147

仙洞御所 …………………… 15

泉涌寺 ……………………… 88

千本今出川 ………………… 21

千本ゑんま堂（引接寺） …… 28

「草紙洗」 ………………… 14

草紙洗いの水址 …………… 15

僧正ヶ谷不動堂 …………… 51

「卒都婆小町」 …………… 89

卒塔婆小町像 ……………… 91

た　行

醍醐天皇 ·························· 34
當麻寺（中之坊）··············· 179
當麻曼荼羅 ······················ 179
平重衡 ······················ 146, 148
平忠度 ···························· 68
平忠度の霊 ······················ 67
平経正 ·························· 104
平宗盛 ···························· 85
「当麻」························· 178
鷹乃井 ·························· 162
薪御能 ·························· 165
武内の神 ························ 139
糺の森 ··························· 55
忠度腕塚堂 ······················ 68
忠度塚 ···························· 68
忠度胴塚 ·························· 68
「龍田」························· 181
龍田川 ·························· 182
龍田神社 ························ 182
龍田大社 ························ 182
龍田姫の神の霊 ················· 182
「玉葛」························· 176
玉葛内侍の霊 ··················· 176
玉鬘ノ巻を「玉葛」··············· 26
「田村」·························· 78
中将姫 ···················· 173, 175, 180
中将姫の霊 ····················· 178
通圓茶屋 ························ 134
「土蜘蛛」······················ 188
土蜘蛛塚 ························· 24
土蜘蛛の精 ····················· 188
「経正」························· 102
「定家」·························· 20

定家 ···························· 21
手越の宿 ························ 148
照日の巫女 ······················ 13
田楽 ···························· 166
天河大辨財天社 ················· 152
「東北」··························· 56
東北院 ··························· 57
「融」··························· 62
土佐坊正尊 ······················ 72
飛火野 ·························· 161
豊臣秀吉 ························ 200

な　行

中京区 ··························· 32
中千本 ·························· 193
奈良 ···························· 156
奈良興福寺の薪御能 ············· 165
鳴神 ···························· 36
二条児童公園 ···················· 31
二番目物 ························ 205
仁和寺 ······················ 103, 104
「鵺」··························· 30
鵺大明神 ························· 31
ぬえ塚 ··························· 31
鵺堂 ····························· 31
能楽の歴史 ····················· 200
能の基礎知識 ··················· 200
能の曲柄 ························ 204
能舞台 ·························· 201
軒端の梅 ······················ 38, 57
「野宮」························· 110
野宮神社 ························ 111
「野守」························· 160

は　行

橋掛かり ……………………………… 202
「半蔀」 …………………………………… 69
半蔀戸 …………………………………… 69
「橋弁慶」 ………………………………… 73
橋本社 …………………………………… 59
長谷寺 ………………………………… 177
長谷寺二本杉 ……………………… 176, 177
初瀬川 ……………………………… 176, 177
花子（狂女） …………………………… 54
花矢倉 ………………………………… 196
帚木・空蝉ノ巻を「空蝉」………… 26
囃子方 ………………………………… 204
般舟院 …………………………… 21, 22
「班女」 …………………………………… 54
東向観音堂 ……………………………… 24
東山区・山科区 ………………………… 76
一言主神社 ………………………… 187, 189
一言主神社にある蜘蛛塚 ………… 189
「雲雀山」 ……………………………… 173
日張山青蓮寺 ………………………… 174
「氷室」 ………………………………… 122
氷室神社（幡日佐・氷室両神社）… 124
氷室の神 ……………………………… 122
「百万」 ………………………………… 105
百万の墓 ……………………………… 107
平等院 ……………………………… 133, 134
舞楽 …………………………………… 166
深草少将 ………………………………… 43
補厳寺 ………………………………… 151
藤原定家京極邸址 ……………………… 22
藤原俊成 …………………………… 67, 68
藤原俊成の墓 …………………………… 68
藤原豊成 ……………………………… 175

舞台裏 ………………………………… 203
二本杉 ……………………………… 176, 177
「二人静」 ……………………………… 197
文塚 …………………………………… 91
弁慶 …………………………………… 74
法界寺 ………………………………… 148
「放生川」 ……………………………… 139
放生川 ………………………………… 140
法勝寺跡 ………………………………… 53
法性坊律師僧正 ………………………… 19
堀川館跡 ………………………………… 72

ま　行

松の下式 ……………………………… 166
御祖の神 ………………………………… 99
三笠風流 ……………………………… 167
御手洗川 ………………………………… 96
「三山」 ………………………………… 183
南祭 …………………………………… 139
源融 …………………………………… 64
源融河原院跡 …………………………… 65
源融の墓 ………………………………… 64
源仲国 ………………………………… 116
源義経隠塔 …………………………… 196
源頼政の霊 …………………………… 132
源頼光 …………………………… 125, 127, 189
耳成山 ………………………………… 183
三室戸寺 ……………………………… 137
御社上りの儀 ………………………… 165
明恵上人 ……………………………… 159
「三輪」 ………………………………… 170
三輪明神 ……………………………… 170
紫式部 …………………………………… 25
紫式部邸宅跡 …………………………… 12

紫式部の墓 ………………… 28
紫野　雲林院 ………………… 95
元伊勢 ……………………… 127
元伊勢外宮豊受大神社 ………… 127
元伊勢内宮皇大神社 ………… 127
戻橋 ………………………… 11
「揉ノ段」 …………………… 7

や・ら・わ行

大和猿楽 …………………… 149
大和三山………………… 183, 184
和舞 ………………………… 167
「夕顔」 ……………………… 65
ユウガオ …………………… 70
夕顔之墳 …………………… 66
夕顔ノ巻を「夕顔」………… 26
弓矢立合 …………………… 167
「弓八幡」 …………………… 144
「熊野」 ……………………… 83
熊野御前の墓と長藤 ………… 86
熊野寺 ……………………… 85
熊野と母の墓 ………………… 85
熊野の長藤 ………………… 85

横川小聖 …………………… 13
義経隠塔 …………………… 196
義経堂 ……………………… 51
「吉野静」 …………………… 194
「吉野天人」 ………………… 192
吉野水分神社 ………………… 196
吉野山 ………………… 192, 194
吉野山　勝手神社 …………… 198
吉水神社 …………………… 198
四番目物 …………………… 205
頼風塚 ……………………… 142
「頼政」 ……………………… 132
頼政の墓 …………………… 135
４本の柱 …………………… 203
「雷電」 ……………………… 17
「来殿」 ……………………… 18
良忍上人 …………………… 184
六条御息所 ………………… 13
六条御息所の霊 ………… 10, 110
六道の辻 …………………… 85
盧山寺 ……………………… 27
若菜・柏木ノ巻を「落葉」………… 26
ワキ方 ……………………… 204
別雷の神 ………………… 96, 99

■装幀・本文デザイン
坂本真二

大藏吉次郎
岩田しずえ

■協力
（公社）能楽協会

MOA 美術館薪能
大江能楽堂
国立能楽堂
小田原城薪能
京都薪能
宝生能楽堂
金剛能楽堂
横浜能楽堂
平塚八幡宮神事能
寒川神社相模薪能
名古屋能楽堂
奈良春日野国際フォーラム甍
矢来能楽堂
興福寺薪御能
台東薪能
春日大社
天河大辨財天社
宮内庁京都事務所
環境庁管理事務所
京都市観光協会
京都市観光案内所
京都市右京区役所
京都市下京区役所
宇治市役所
宇陀市役所
奈良市観光協会
吉野山ビジターセンター
大江町役場
湯河原町立図書館
柿坂神酒之祐
辰巳満次郎

◆参考文献・資料
『謡曲百番』（岩波書店）
『謡曲集　上・中・下』（新潮社）
『謡曲大観　1～5』（明治書院）
『能・狂言事典』（平凡社）
『歌舞伎事典』（平凡社）
『能楽鑑賞百一番』（淡交社）
『能狂言図典』（小学館）
『謡曲ゆかり古蹟大成』木本誠二（中山書店）
『謡蹟めぐり』青木実（檜書店）
『古今和歌集』『新古今和歌集』『義経記』
『伊勢物語』『源氏物語』『平家物語』
（世界文化社）
『国立能楽堂筋書』（国立能楽堂）
『古語辞典』（角川書店）
『新国語辞典』（角川書店）
『日本人名事典』（三省堂）
『歩く地図』（山と渓谷社）
『エリアガイド』（昭文社）
『旅王国』（昭文社）
『J GUIDE21』（山と渓谷社）
『全日本道路』（昭文社）
『神社参拝』（主婦の友社）
『古典文学に見る吉野』（和泉書院）
『金峯山』（金峯山寺）
『能のデザイン図典』（東方出版）
『日本の伝統芸能』（NHK 出版）
『広重五十三次』（NHK 出版）
『源氏物語を行く』（小学館）
『演劇界』（演劇出版社）
京都市各区役所発行の栞等
各神社寺院発行の栞等

■プロフィール　岩田アキラ
Akira Iwata

1948年　神奈川県湯河原に生まれる。
松竹写真部を経て、能・狂言・文楽・歌舞伎・落語・風俗などを撮り続ける。
国立劇場、西武百貨店池袋店、デュッセルドルフなどで写真展を開催。

著書　『歌舞伎のデザイン図典』『能面の風姿』（東方出版）
　　　『しるしばんてん』（駸々堂出版）
　　　『雀右衛門写真集』、写真集『扇雀・上方芸と近松』（京都書院）
　　　『印半纏』（青幻舎）
　　　『能のふるさと散歩』上・下巻（NHK出版）
共著　『能楽鑑賞百一番』（淡交社）
　　　『能のデザイン図典』『狂言のデザイン図典』（東方出版）
　　　『印半纏』『古典落語』（駸々堂出版）
　　　『東京の下町』（毎日新聞社）
　　　『笑いの芸術・狂言』『野村萬斎写真集』（アシェット婦人画報社）ほか。

改訂新版 能のふるさと散歩　京都・奈良編

2020年5月18日　　第1刷発行

著　者　　岩田アキラ
発行者　　檜　常正
発行所　　株式会社　檜　書店
　　　　　〒101-0052 東京都千代田区神田小川町2-1
　　　　　電話　03-3291-2488
　　　　　FAX 03-3295-3554
　　　　　http://www.hinoki-shoten.co.jp
印刷製本　照栄印刷株式会社

©2020 Akira Iwata　　Printed in Japan
ISBN978-4-8279-1104-6　C0074